MUFFINS CLASSIQUES AUX CAROTTES ET À L'ANANAS

La saveur épicée du gâteau aux carottes traditionnel a inspiré cette nouvelle recette de muffins.

1 ¼ tasse	de céréales **Nabisco 100% Bran**MD	300 mL
1	boîte de 14 oz (398 mL) d'ananas broyés dans le jus	1
¼ de tasse	de lait	50 mL
1	oeuf	1
½ tasse	de cassonade tassée	125 mL
⅓ de tasse	d'huile végétale	75 mL
1 tasse	de carottes râpées	250 mL
2 tasses	de farine tout usage Robin Hood	500 mL
1 c. à table	de poudre à pâte **Magic**∗	15 mL
2 ½ c. à thé	de cannelle moulue	12 mL
1 c. à thé	de gingembre moulu	5 mL
1 c. à thé	de sel	5 mL
½ tasse	de raisins secs	125 mL

Graisser 12 gros moules à muffins ou garnir de coupes en papier. Dans un bol moyen, mélanger ensemble les céréales, les ananas non égouttés et le lait; laisser reposer 5 minutes. Incorporer l'oeuf, la cassonade, l'huile et les carottes. Dans un grand bol, mélanger ensemble la farine, la poudre à pâte, la cannelle, le gingembre et le sel. Ajouter le mélange de céréales et les raisins secs aux ingrédients secs en remuant juste assez pour humecter. Déposer dans les moules à muffins en les remplissant jusqu'au bord. Cuire au four à 400°F (200°C), de 20 à 25 minutes ou jusqu'à ce que le dessus soit ferme au toucher. Laisser refroidir dans les moules 5 minutes; démouler et laisser refroidir sur une grille. Conserver dans un contenant hermétique. Donne 12 gros muffins.

Nabisco **100% Bran**MD CÉRÉALES

POUDRE À PÂTE MAGIC.

Dimanche	Lundi		
6	7	8	Pl
13	14	15	
20	21	22	Dernie
Hanoucca	Premier jour de l'hiver		
27	28	29	

PAIN AUX CANNEBERGES À L'ORANGE ET AUX NOIX
PRÉPARATION : 15 MINUTES
CUISSON : DE 60 À 70 MINUTES
CONSEILS : ces versions miniatures du pain aux canneberges et aux noix sont excellentes comme cadeau de Noël. Enveloppez-les dans une pellicule de plastique transparent et attachez-les avec un ruban rouge ou vert. Pour l'amateur de gadget, ajoutez une petite planche à découper et un couteau-scie.

LE MOIS PROCHAIN : MUFFINS CLASSIQUES AUX CAROTTES ET À L'ANANAS

VOUS TROUVEREZ LES BO

Janvier

MUFFINS
ET BISCUITS

Les compagnies canadiennes suivantes ont participé à la production
de cette collection: Colour Technologies, Fred Bird & Associates Limited,
Gordon Sibley Design Inc., On-line Graphics, Les Éditions Télémédia Inc. et
The Madison Book Group Inc.

Coup de pouce est une marque déposée des Éditions Télémédia Inc.
Tous droits réservés, qu'ils aient été déposés ou non.

Nous remercions pour leur contribution
Drew Warner, Joie Warner et Flavor Publications.

Cette collection est une production de:
The Madison Book Group Inc.
40 Madison Avenue
Toronto, Ontario
Canada
M5R 2S1

MUFFINS ET BISCUITS

■ *Couverture: Muffins au fromage et aux cerises (p. 4).*

Mmmm-mmm les bons muffins! Ils sont délicieux le matin, le midi, le soir. . . Les 22 recettes que nous vous offrons dans ce livre sont des plus faciles et, ce qui ne gâte rien, elles sont bonnes et saines. Pour le petit déjeuner, essayez les *Muffins géants à l'orange et aux amandes*. Pour la collation, préparez les *Muffins aux flocons d'avoine et au beurre d'arachides*. Pour le plaisir. . .avec un verre de lait, dégustez les succulents *Muffins au fromage et aux cerises*.

Ou faites une surprise à tous les vôtres en leur préparant de délicieux biscuits ou carrés maison, tout chauds sortis du four. Que ce soit pour la boîte à lunch ou la collation, vous voudrez faire une abondante réserve de ces délices, comme les *Biscuits aux noix et au chocolat* et les *Biscuits à l'orange et à la noix de coco*. Nous n'avons pas oublié les jeunes chefs, qui pourront s'amuser à cuisiner les *Carrés de riz croustillant au beurre d'arachides* et les *Carrés au fromage et aux framboises*.

Muffins et biscuits est un des huit livres de la COLLECTION CULINAIRE COUP DE POUCE. Chaque livre présente des plats faciles et savoureux que vous ne vous lasserez pas de cuisiner. Toutes les recettes de la collection ont été sélectionnées et expérimentées avec soin pour vous assurer des résultats parfaits en tout temps. En collectionnant les huit livres, vous pourrez choisir parmi plus de 500 plats ceux qui, jour après jour, donneront un air de fête à tous vos repas.

Carole Schinck

Carole Schinck
Rédactrice en chef, *Coup de pouce*

Muffins au fromage et aux cerises

Varier la saveur de ces muffins en utilisant diverses confitures — bleuets, prunes, mûres — ou de la marmelade.

1/3 t	fromage à la crème	75 ml
2 c. à tab	sucre glace	30 ml
1/3 t	beurre, ramolli	75 ml
2/3 t	cassonade tassée	150 ml
1	oeuf	1
1 c. à thé	zeste d'orange râpé	5 ml
2 t	farine tout usage	500 ml
2 c. à thé	levure chimique (poudre à pâte)	10 ml
1/4 c. à thé	sel	1 ml
2/3 t	lait	150 ml
1/3 t	confiture de cerises	75 ml
2 c. à tab	pacanes hachées fin (facultatif)	30 ml

■ Mélanger le fromage à la crème et le sucre glace. Réserver. Dans un bol, battre en crème le beurre et la cassonade. Incorporer l'oeuf et le zeste d'orange. Mélanger la farine, la levure chimique et le sel. Incorporer graduellement à la préparation à l'orange en alternant avec le lait (ne pas trop mélanger).

■ Avec une cuillère, remplir à moitié de préparation 12 grands moules à muffins graissés. Ajouter 1 c. à thé (5 ml) de fromage à la crème sucré dans chaque moule, puis 1 c. à thé (5 ml) de confiture. Couvrir avec le reste de la préparation en la répartissant également dans les moules. Parsemer, si désiré, de noix hachées. Cuire dans un four préchauffé à 375°F (190°C) pendant 25 à 30 minutes, ou jusqu'à ce que les muffins soient fermes au toucher. Retirer immédiatement des moules. Donne 12 muffins.

MUFFINS — TRUCS ET CONSEILS

Si vous le désirez, vous pouvez remplacer le beurre fondu par de l'huile végétale.

• Ne mélangez pas trop la préparation. Incorporez le mélange liquide aux ingrédients secs juste pour humidifier, sans plus.

• Avant de démouler les muffins, laissez-les reposer pendant 2 minutes dans les moules. Démoulez-les délicatement et laissez-les refroidir complètement sur des grilles.

• Les muffins se congèlent bien. Rangez les muffins cuits et refroidis dans des contenants hermétiques ou des sacs de plastique pour congélateur. Faites-les dégeler à la température de la pièce ou au micro-ondes.

Muffins géants à l'orange et aux amandes

Pour griller les amandes, étendez-les sur une plaque à pâtisserie et mettez-les au four préchauffé à 350°F (180°C) pendant 8 minutes ou jusqu'à ce qu'elles soient dorées.

1 1/4 t	farine de blé entier	300 ml
1 t	farine tout usage	250 ml
1/2 t	cassonade tassée	125 ml
1 c. à tab	levure chimique (poudre à pâte)	15 ml
1/2 c. à thé	bicarbonate de sodium	2 ml
1/4 c. à thé	sel	1 ml
1/2 t	lait	125 ml
1 c. à thé	zeste d'orange râpé	5 ml
1/2 t	jus d'orange	125 ml
1/4 t	beurre, fondu	60 ml
1	oeuf	1
1 t	amandes tranchées, grillées	250 ml

■ Dans un grand bol, mélanger les farines, la cassonade, la levure chimique, le bicarbonate de sodium et le sel. Réserver. Battre ensemble le lait, le zeste et le jus d'orange, le beurre et l'oeuf. Ajouter aux ingrédients secs et mélanger avec une fourchette juste pour humidifier la préparation. Incorporer les amandes sauf 2 c. à table (30 ml).

■ Répartir la préparation dans 6 ramequins graissés d'une capacité de 3/4 tasse (175 ml), ou dans 9 grands moules à muffins, en les remplissant presque complètement. Parsemer du reste des amandes. Déposer les ramequins sur une plaque à pâtisserie. Cuire au four à 375°F (190°C) pendant 20 à 25 minutes pour les gros muffins et pendant 25 à 30 minutes pour les muffins géants. Une fois cuits, les muffins seront fermes au toucher. Donne 6 à 9 muffins.

(dans le sens des aiguilles d'une montre, à partir du haut à gauche) Muffins géants à l'orange et aux amandes; Muffins géants au beurre d'arachides; Muffins à la citrouille et aux raisins (p. 20). ▲

Muffins géants au beurre d'arachides

Accompagnés d'une banane, ces muffins vous feront commencer la journée du bon pied.

2 t	babeurre ou crème sure	500 ml
1 1/2 t	son	375 ml
2/3 t	céréales granola	150 ml
3 c. à tab	huile végétale	45 ml
2 c. à tab	beurre d'arachides croquant	30 ml
2	oeufs	2
3/4 t	farine de blé entier	175 ml
3/4 t	farine tout usage	175 ml
1/2 t	cassonade tassée	125 ml
1/4 t	farine de maïs	60 ml
1/4 t	germe de blé	60 ml
2 c. à tab	levure chimique (poudre à pâte)	30 ml
1/2 c. à thé	sel	2 ml

■ Mélanger le babeurre, le son et 1/2 tasse (125 ml) des céréales granola. Réserver. Battre ensemble l'huile, le beurre d'arachides et les oeufs. Réserver.

■ Dans un grand bol, mélanger les farines, la cassonade, la farine de maïs, le germe de blé, la levure et le sel. Ajouter le mélange au babeurre, puis le mélange aux oeufs en mélangeant avec une fourchette jusqu'à ce que la préparation soit homogène.

■ Avec une cuillère, répartir la préparation dans 6 ramequins graissés d'une capacité de 3/4 tasse (175 ml), ou dans 9 grands moules à muffins, en les remplissant presque complètement. Parsemer du reste de granola. Déposer les ramequins sur une plaque à pâtisserie. Cuire dans un four préchauffé à 400°F (200°C) pendant 20 à 25 minutes pour les gros muffins, et pendant 30 minutes pour les muffins géants. Une fois cuits, les muffins seront fermes au toucher. Donne 6 à 9 muffins.

Muffins au babeurre et aux pommes

Les pommes râpées donnent une saveur incomparable à ces muffins. Moelleux à souhait, ils sont des plus nutritifs.

1 t	farine tout usage	250 ml
1 t	farine de blé entier	250 ml
1/2 t	cassonade tassée	125 ml
1 c. à tab	levure chimique	15 ml
1 c. à thé	sel	5 ml
1 c. à thé	cannelle	5 ml
1/2 t	noix de Grenoble hachées	125 ml
2	oeufs	2
1 t	babeurre	250 ml
1 t	pommes pelées, râpées	250 ml
1/2 t	beurre, fondu	125 ml

■ Dans un grand bol, mélanger les farines, la cassonade, la levure chimique, le sel et la cannelle. Incorporer les noix. Dans un autre bol, bien battre les oeufs. Ajouter le babeurre, les pommes et le beurre, et mélanger. Ajouter aux ingrédients secs et mélanger juste pour humidifier.

■ Avec une cuillère, répartir la préparation dans de grands moules à muffins graissés en les remplissant aux trois quarts. Cuire dans un four préchauffé à 400°F (200°C) pendant 20 à 25 minutes ou jusqu'à ce que les muffins soient fermes au toucher. Donne 12 muffins.

Muffins aux carottes

Ces muffins sont une excellente source de vitamine A et une bonne source de fibres. Ils contiennent juste assez de sucre, de beurre et de sel pour leur donner un délicieux petit goût.

1/2 t	farine tout usage	125 ml
1/2 t	son de blé	125 ml
1/2 t	son d'avoine	125 ml
1 c. à tab	levure chimique (poudre à pâte)	15 ml
1 c. à thé	cannelle	5 ml
1/2 c. à thé	muscade	2 ml
1/2 c. à thé	sel	2 ml
1/2 t	cassonade tassée	125 ml
1	oeuf	1
1/2 t	lait	125 ml
1/4 t	beurre fondu ou huile végétale	60 ml
1 1/2 t	carottes finement râpées	375 ml
1/2 t	raisins secs	125 ml

■ Dans un grand bol, mélanger la farine, les sons de blé et d'avoine, la levure chimique, la cannelle, la muscade et le sel. Incorporer la cassonade.

■ Battre l'oeuf avec le lait et le beurre fondu. Incorporer les carottes râpées. Verser sur les ingrédients secs. Parsemer des raisins et mélanger juste pour humidifier la préparation. Répartir dans 8 moules à muffins graissés. Cuire dans un four préchauffé à 375°F (190°C) pendant 25 minutes ou jusqu'à ce que les muffins soient dorés et fermes au toucher. Retirer des moules et laisser refroidir sur une grille. Donne 8 muffins.

LES MUFFINS: TOUJOURS BONS!
Gardez toujours des muffins en réserve au congélateur, pour le petit déjeuner, la boîte à lunch ou la collation de l'après-midi. Une fois cuits et refroidis, coupez-les en deux et tartinez-les de beurre. Refermez-les, enveloppez-les séparément et congelez-les.

Muffins à l'orange et aux bleuets

Dans cette recette, on peut remplacer les bleuets par des cerises fraîches sucrées. Si désiré, parsemez les muffins de flocons d'avoine avant de les faire cuire.

1 t	cassonade légèrement tassée	250 ml
3/4 t	flocons d'avoine	175 ml
2/3 t	farine de blé entier	150 ml
1/2 t	farine tout usage	125 ml
1 c. à tab	levure chimique (poudre à pâte)	15 ml
1/2 c. à thé	sel	2 ml
1/4 c. à thé	cannelle	1 ml
	Zeste râpé de 1 orange	
1 t	lait	250 ml
1/4 t	huile végétale	60 ml
1	oeuf	1

1 t	bleuets	250 ml

■ Dans un grand bol, mélanger la cassonade, les flocons d'avoine, les farines, la levure chimique, le sel, la cannelle et le zeste d'orange. Battre ensemble le lait, l'huile et l'oeuf. Verser sur les ingrédients secs et mélanger juste pour humidifier. Incorporer délicatement les bleuets.

■ Avec une cuillère, répartir la préparation dans de grands moules à muffins graissés en les remplissant aux trois quarts. Cuire dans un four préchauffé à 400°F (200°C) pendant 15 à 20 minutes ou jusqu'à ce que les muffins soient fermes au toucher. Donne 12 muffins.

(dans le sens des aiguilles d'une montre, à partir du haut) Muffins à l'orange et aux bleuets; Muffins au maïs et au cheddar (p. 22); Muffins au fromage et aux cerises (p. 4). ▼

Muffins aux carottes et à l'ananas

Ces savoureux petits muffins constituent une source importante de fibres alimentaires.

1 t	eau bouillante	250 ml
1 t	son	250 ml
1	oeuf, battu	1
1/2 t	carottes finement râpées	125 ml
1/2 t	ananas en morceaux, égoutté, grossièrement haché	125 ml
1/3 t	cassonade tassée	75 ml
3 c. à tab	huile végétale	45 ml
1 t	farine tout usage	250 ml
1/3 t	lait écrémé en poudre	75 ml
1 1/2 c. à thé	levure chimique (poudre à pâte)	7 ml
1 1/2 c. à thé	bicarbonate de sodium	7 ml
1/2 c. à thé	sel	2 ml
1/2 c. à thé	gingembre	2 ml
1/4 c. à thé	muscade	1 ml

■ Dans un grand bol, verser l'eau bouillante sur le son et laisser reposer pendant 1 heure. Ajouter, en brassant, l'oeuf, les carottes, l'ananas, la cassonade et l'huile.

■ Mélanger la farine, le lait en poudre, la levure chimique, le bicarbonate de sodium, le sel, le gingembre et la muscade. Ajouter au mélange au son et mélanger juste pour amalgamer les ingrédients (ne pas trop mélanger).

■ Avec une cuillère, répartir la préparation dans des moules à muffins graissés en les remplissant presque complètement. Cuire dans un four préchauffé à 400°F (200°C) pendant 15 à 18 minutes ou jusqu'à ce que les muffins soient dorés et fermes au toucher. Donne environ 12 muffins.

Muffins à la farine de maïs

Appréciés de tous, grands et petits, ces muffins sont délicieux servis, dès leur sortie du four, avec du beurre.

1 t	farine tout usage	250 ml
3/4 t	farine de maïs	175 ml
3 c. à tab	sucre	45 ml
1 c. à tab	levure chimique	15 ml
1 c. à thé	sel	5 ml
1	oeuf	1
2/3 t	lait	150 ml
1/3 t	beurre, fondu	75 ml

■ Dans un bol, mélanger les farines, le sucre, la levure chimique et le sel. Battre ensemble l'oeuf, le lait et le beurre. Ajouter aux ingrédients secs et mélanger juste pour humidifier la préparation.

■ Avec une cuillère, répartir la préparation dans des moules à muffins graissés en les remplissant aux deux tiers. Cuire dans un four préchauffé à 425°F (220°C) pendant environ 20 minutes ou jusqu'à ce que les muffins soient dorés et fermes au toucher. Donne environ 10 muffins.

Muffins au germe de blé

Regorgeant d'ingrédients nutritifs, ces muffins sont idéals pour la boîte à lunch. La recette peut facilement être diminuée de moitié.

2 t	farine tout usage	500 ml
1 1/2 t	farine de blé entier	375 ml
1 1/2 t	germe de blé	375 ml
4 c. à thé	levure chimique (poudre à pâte)	20 ml
2 c. à thé	cannelle	10 ml
1 c. à thé	bicarbonate de sodium	5 ml
1 c. à thé	muscade	5 ml
1 c. à thé	sel	5 ml
1 t	beurre	250 ml
1 t	sucre	250 ml
2	oeufs	2
1/2 t	mélasse	125 ml
2 t	lait	500 ml
2 t	raisins secs	500 ml

■ Dans un bol, mélanger les farines, le germe de blé, la levure chimique, la cannelle, le bicarbonate de sodium, la muscade et le sel. Dans le grand bol du batteur électrique, battre le beurre en crème avec le sucre. Incorporer sans cesser de battre les oeufs et la mélasse jusqu'à ce que la préparation soit onctueuse. Ajouter les ingrédients secs (en trois temps) en alternant avec le lait (en deux temps), et en mélangeant juste pour humidifier la préparation. Incorporer les raisins secs.

■ Avec une cuillère, répartir la préparation dans de grands moules à muffins graissés en les remplissant aux trois quarts. Cuire dans un four préchauffé à 400°F (200°C) pendant 20 à 25 minutes ou jusqu'à ce que les muffins soient fermes au toucher. Donne environ 24 muffins.

Muffins épicés aux pommes

La combinaison traditionnelle pommes-cannelle est toujours savoureuse et ces muffins ont l'avantage d'être faibles en calories.

2 t	farine tout usage	500 ml
1/3 t	cassonade tassée	75 ml
1 1/2 c. à thé	levure chimique (poudre à pâte)	7 ml
1 1/2 c. à thé	bicarbonate de sodium	7 ml
1 c. à thé	cannelle	5 ml
1/2 c. à thé	sel	2 ml
1/4 c. à thé	muscade (facultatif)	1 ml
1 t	pommes pelées, hachées	250 ml
1	oeuf, légèrement battu	1
1 t	lait écrémé	250 ml
3 c. à tab	beurre, fondu	45 ml

■ Dans un grand bol, mélanger la farine, la cassonade, la levure chimique, le bicarbonate de sodium, la cannelle, le sel et la muscade. Mélanger les pommes avec l'oeuf, le lait et le beurre. Ajouter aux ingrédients secs et mélanger juste pour amalgamer les ingrédients (ne pas trop mélanger).

■ Répartir la préparation dans des moules à muffins légèrement graissés en les remplissant presque complètement. Cuire au four à 400°F (200°C) pendant 15 à 18 minutes ou jusqu'à ce que les muffins soient fermes au toucher. Donne 12 muffins.

UNE FRINGALE DE MUFFIN

Les muffins sont nutritifs, mais ils sont souvent riches en calories. Les recettes de Muffins épicés aux pommes, de Muffins aux carottes et à l'ananas (p. 10) et de Muffins au son et à la banane (p. 15) ont donc été conçues pour des muffins plus petits, avec moins de sucre et de gras.

Muffins à l'orange et aux dattes

Ces muffins à l'ancienne sont économiques et faciles à préparer grâce au robot culinaire.

3/4 t	dattes dénoyautées, séparées	175 ml
1 1/4 t	farine tout usage	300 ml
1	orange non pelée, coupée en 8 morceaux et épépinée	1
1/2 t	jus d'orange	125 ml
2	oeufs	2
1/2 t	beurre froid, coupé en morceaux	125 ml
1 t	farine de blé entier	250 ml
3/4 t	sucre	175 ml
2 c. à thé	levure chimique	10 ml
1 c. à thé	bicarbonate de sodium	5 ml
1 c. à thé	sel	5 ml

■ Mélanger les dattes avec 1/2 tasse (125 ml) de farine. À l'aide du robot culinaire muni de la lame de métal, hacher uniformément les dattes. Ajouter les morceaux d'orange et les hacher de la même façon que les dattes. Ajouter le jus d'orange, les oeufs et le beurre, et actionner l'appareil jusqu'à ce que la préparation soit homogène.

■ Mélanger la farine de blé, le reste de la farine tout usage, le sucre, la levure, le bicarbonate et le sel. Ajouter à la préparation aux dattes et actionner l'appareil juste pour mélanger.

■ Répartir la préparation dans de grands moules à muffins graissés en les remplissant aux trois quarts. Cuire au four préchauffé à 400°F (200°C) pendant 15 à 20 minutes ou jusqu'à ce que les muffins soient fermes au toucher. Donne 12 muffins.

Muffins au son et à la banane

Ces muffins ont un goût velouté qui plaira à tous les membres de votre famille.

1 t	eau bouillante	250 ml
1 t	son	250 ml
1/2 t	banane (1 petite) bien mûre écrasée	125 ml
1/3 t	cassonade tassée	75 ml
1	oeuf, battu	1
2 c. à tab	huile végétale	30 ml
1 c. à thé	vanille	5 ml
	Zeste râpé de 1 citron	
1 t	farine tout usage	250 ml
1/3 t	lait écrémé en poudre	75 ml
1 1/2 c. à thé	levure chimique (poudre à pâte)	7 ml
1 1/2 c. à thé	bicarbonate de sodium	7 ml
1/2 c. à thé	sel	2 ml

■ Dans un grand bol, verser l'eau bouillante sur le son et laisser reposer pendant 1 heure. Ajouter la banane écrasée, la cassonade, l'oeuf, l'huile, la vanille et le zeste de citron, et bien mélanger.

■ Mélanger la farine, le lait en poudre, la levure chimique, le bicarbonate de sodium et le sel. Ajouter au mélange au son et mélanger juste pour amalgamer les ingrédients (ne pas trop mélanger).

■ Avec une cuillère, répartir la préparation dans des moules à muffins graissés en les remplissant complètement. Cuire dans un four préchauffé à 400°F (200°C) pendant 15 à 18 minutes ou jusqu'à ce que les muffins soient dorés et fermes au toucher. Donne environ 12 muffins.

LES MUFFINS GÉANTS

Pour préparer de très gros muffins, vous devez utiliser de grands moules à muffins d'une capacité d'au moins 1/2 tasse (125 ml). Utilisez des moules pour muffins en papier et remplissez-les complètement. En cuisant, les muffins s'étendront et prendront la forme des grands moules sans déborder.

• Pour préparer des muffins encore plus gros, utilisez des moules à crème renversée ou des ramequins, graissés ou tapissés de moules pour muffins en papier, et déposez-les sur une plaque à pâtisserie. Remplissez complètement les moules en papier. N'oubliez pas que ces muffins cuiront plus lentement.

Muffins au son et au muesli

Ces muffins au muesli ultra moelleux sont préparés sans oeufs. Vous pouvez remplacer le muesli par des céréales en flocons prêtes à servir.

2 t	farine tout usage	500 ml
1 1/2 t	raisins secs	375 ml
1 t	muesli	250 ml
1 t	son	250 ml
1 t	cassonade tassée	250 ml
2 c. à thé	bicarbonate de sodium	10 ml
1/2 c. à thé	sel	2 ml
1 t	yogourt nature	250 ml
1 t	lait	250 ml
2/3 t	huile végétale	150 ml
1/4 t	mélasse	60 ml
2 c. à tab	flocons d'avoine	30 ml

■ Dans un grand bol, mélanger la farine, les raisins secs, le muesli, le son, la cassonade, le bicarbonate de sodium et le sel. Dans un autre bol, fouetter le yogourt avec le lait, l'huile et la mélasse. Ajouter aux ingrédients secs et mélanger juste pour amalgamer.

■ Verser la préparation avec une cuillère dans de grands moules à muffins graissés en les remplissant complètement. Parsemer des flocons d'avoine. Cuire au four préchauffé à 400°F (200°C) pendant 20 minutes ou jusqu'à ce qu'ils soient fermes au toucher. Donne environ 15 muffins.

Muffins aux pommes de terre et au fromage

Utilisez un reste de purée de pommes de terre pour préparer ces délicieux muffins le lendemain.

2 t	farine tout usage	500 ml
1/2 t	sucre	125 ml
4 c. à thé	levure chimique	20 ml
1 c. à thé	sel	5 ml
2	oeufs	2
1 1/2 t	lait	375 ml
1/2 t	purée de pommes de terre, refroidie	125 ml
1/2 t	cheddar râpé	125 ml
1/3 t	graisse végétale (shortening), fondue	75 ml

■ Dans un grand bol, mélanger la farine, le sucre, la levure chimique et le sel. Dans un autre bol, bien battre les oeufs. Y ajouter le lait, la purée de pommes de terre, le fromage et la graisse végétale, et mélanger. Ajouter aux ingrédients secs et mélanger juste pour humidifier.

■ Avec une cuillère, répartir la préparation dans de grands moules à muffins graissés en les remplissant aux trois quarts. Cuire dans un four préchauffé à 400°F (200°C) pendant 25 minutes ou jusqu'à ce que les muffins soient légèrement dorés et fermes au toucher. Donne 12 muffins.

Muffins épicés au son et aux pommes

Ces muffins ultra-légers se conservent jusqu'à deux jours et se congèlent bien.

4	oeufs	4
1 1/2 t	lait	375 ml
1 t	cassonade tassée	250 ml
1/2 t	huile végétale	125 ml
2 c. à thé	vanille	10 ml
3 t	céréales de son	750 ml
2 t	pommes pelées, râpées	500 ml
1 t	raisins secs	250 ml
1 t	noix de Grenoble hachées	250 ml
3 t	farine tout usage	750 ml
2 c. à tab	levure chimique (poudre à pâte)	30 ml
2 c. à thé	bicarbonate de sodium	10 ml
1 1/2 c. à thé	cannelle	7 ml
1/2 c. à thé	muscade	2 ml
1 c. à thé	sel	5 ml

■ Dans un bol, battre les oeufs. Ajouter le lait, la cassonade, l'huile et la vanille, et bien mélanger. Incorporer les céréales de son, les pommes, les raisins et les noix.

■ Dans un grand bol, mélanger la farine, la levure chimique, le bicarbonate de sodium, la cannelle, la muscade et le sel. Brasser vigoureusement le mélange au son, ajouter aux ingrédients secs et mélanger juste pour humidifier la préparation.

■ Avec une cuillère, répartir la préparation dans de grands moules à muffins graissés en les remplissant complètement. Cuire dans un four préchauffé à 375°F (190°C) pendant environ 20 minutes ou jusqu'à ce que les muffins soient fermes au toucher. Donne environ 24 muffins.

> *Les Muffins épicés au son et aux pommes et les Muffins aux bananes et à l'ananas (p. 18) sont idéals si vous désirez faire un petit cadeau gourmand à des amis. Enveloppez-les joliment dans des petits paniers en osier tapissés d'une dentelle de papier.*

Muffins aux bananes et à l'ananas

Ces muffins à la saveur tropicale sont légers et tendres à souhait. Ils se conservent et se congèlent bien.

3 t	farine tout usage	750 ml
2 t	sucre	500 ml
1 t	noix hachées ou raisins secs	250 ml
1 c. à thé	bicarbonate de sodium	5 ml
1 c. à thé	sel	5 ml
1 c. à thé	cannelle	5 ml
3	oeufs	3
2 t	bananes écrasées (environ 5 bananes moyennes)	500 ml
1 1/4 t	ananas broyé non égoutté	300 ml
1 t	huile végétale	250 ml

■ Dans un grand bol, mélanger la farine, le sucre, les noix, le bicarbonate de sodium, le sel et la cannelle.

■ Dans un autre bol, battre les oeufs. Y incorporer les bananes, l'ananas et l'huile. Verser sur les ingrédients secs et mélanger juste pour humidifier. Avec une cuillère, répartir la préparation dans de grands moules à muffins graissés en les remplissant aux deux tiers.

■ Cuire dans un four préchauffé à 350°F (180°C) pendant 20 à 30 minutes ou jusqu'à ce que les muffins soient fermes au toucher. Donne 30 muffins.

(dans le sens des aiguilles d'une montre, à partir du haut) Muffins aux bananes et à l'ananas; Carrés aux framboises et aux amandes (p. 58); Biscuits géants au chocolat et aux flocons d'avoine (p. 37). ▶

Muffins à la citrouille et aux raisins

Ces tendres muffins feront le régal de tous à l'heure de la pause ou de la collation.

1 1/2 t	farine tout usage	375 ml
1 1/2 t	farine de blé entier	375 ml
2 c. à tab	levure chimique (poudre à pâte)	30 ml
1 c. à thé	cannelle	5 ml
1/2 c. à thé	muscade	2 ml
1/2 c. à thé	piment de la Jamaïque	2 ml
1 c. à thé	sel	5 ml
1 t	cassonade tassée	250 ml
1 t	raisins secs	250 ml
2	oeufs	2
1 1/2 t	lait	375 ml
1/2 t	huile végétale	125 ml
1 t	purée de citrouille en conserve	250 ml

■ Dans un grand bol, mélanger les farines, la levure chimique, la cannelle, la muscade, le piment de la Jamaïque et le sel. Ajouter la cassonade et battre le mélange jusqu'à ce qu'il n'y ait plus de grumeaux. Incorporer les raisins.

■ Dans un autre bol, battre les oeufs. Ajouter le lait, l'huile et la purée de citrouille. Ajouter aux ingrédients secs et mélanger juste pour humidifier la préparation.

■ Avec une cuillère, répartir la préparation dans de grands moules à muffins graissés en les remplissant aux trois quarts. Cuire dans un four préchauffé à 400°F (200°C) pendant 20 à 25 minutes ou jusqu'à ce que les muffins soient fermes au toucher. Donne environ 16 muffins.

4/10   Ne goûte rien - Très fade

Muffins aux flocons d'avoine et au beurre d'arachides

Cette recette de muffins sera à coup sûr la préférée de vos enfants. Leur saveur est à nulle autre pareille.

1 1/2 t	flocons d'avoine	375 ml
1 1/2 t	farine de blé entier	375 ml
4 c. à thé	levure chimique	20 ml
1 c. à thé	sel	5 ml
1 c. à thé	bicarbonate de sodium	5 ml
1/2 t	raisins secs	125 ml
1 t	yogourt nature	250 ml
3/4 t	miel liquide	175 ml
1/2 t ✱	beurre d'arachides	125 ml
1/3 t	huile végétale	75 ml
3	oeufs, légèrement battus	3
1 c. à thé	vanille	5 ml

■ Dans un grand bol, mélanger les flocons d'avoine, la farine, la levure chimique, le sel et le bicarbonate de sodium. Incorporer les raisins secs. Dans un autre bol, battre ensemble le yogourt, le miel, le beurre d'arachides, l'huile, les oeufs et la vanille jusqu'à ce que le mélange soit homogène. Ajouter aux ingrédients secs et mélanger juste pour humidifier la préparation.

■ Avec une cuillère, répartir la préparation dans de grands moules à muffins graissés en les remplissant aux trois quarts. Cuire dans un four préchauffé à 375°F (190°C) pendant 25 à 30 minutes ou jusqu'à ce que les muffins soient fermes au toucher. Donne 15 muffins.

5on = 140g = 1/2 t

Muffins aux noix et aux courgettes

Les courgettes sont un excellent ingrédient à ajouter aux pains et muffins, car elles leur donnent un moelleux incomparable.

4	oeufs	4
1 t	sucre	250 ml
1/2 c. à thé	vanille	2 ml
1 t	huile végétale	250 ml
2 t	courgettes non pelées, râpées	500 ml
3 t	farine tout usage	750 ml
1 1/2 c. à thé	levure chimique (poudre à pâte)	7 ml
1 c. à thé	bicarbonate de sodium	5 ml
1 c. à thé	sel	5 ml
1 c. à thé	cannelle	5 ml
1 t	noix de Grenoble hachées	250 ml

■ À l'aide du batteur électrique, battre les oeufs avec le sucre et la vanille pendant 2 minutes. Incorporer graduellement l'huile et continuer de battre pendant 2 minutes. Incorporer les courgettes.

■ Dans un grand bol, mélanger la farine, la levure chimique, le bicarbonate de sodium, le sel et la cannelle. Incorporer les noix aux ingrédients secs. Ajouter à la préparation liquide et mélanger juste pour amalgamer les ingrédients.

■ Répartir la préparation dans de grands moules à muffins graissés en les remplissant aux trois quarts. Cuire dans un four préchauffé à 375°F (190°C) pendant 25 à 30 minutes ou jusqu'à ce que les muffins soient fermes au toucher. Donne 16 muffins.

Muffins au maïs et au cheddar

Préparez ces muffins dans de grands moules et servez-les au déjeuner, ou faites-les cuire dans de petits moules et accompagnez-en vos soupes. Coupés en deux et garnis de fromage cheddar, ils sont délicieux comme collation.

1 2/3 t	farine tout usage	400 ml
1 1/3 t	farine de maïs	325 ml
4 c. à thé	levure chimique (poudre à pâte)	20 ml
1 c. à thé	bicarbonate de sodium	5 ml
1 c. à thé	sel	5 ml
2	oeufs	2
1 1/2 t	babeurre	375 ml
1	boîte (14 oz/398 ml) de maïs en crème	1
1/4 t	beurre, fondu	60 ml
1 1/2 t	cheddar râpé	375 ml
	Paprika ou assaisonnement au chili	

■ Dans un grand bol, mélanger la farine, la farine de maïs, la levure chimique, le bicarbonate de sodium et le sel. Dans un autre bol, battre les oeufs et y incorporer le babeurre, le maïs en crème et le beurre. Verser sur les ingrédients secs, parsemer de 1 tasse (250 ml) de cheddar râpé et mélanger la préparation juste pour l'humidifier.

■ Répartir la préparation dans 16 grands moules à muffins graissés. Parsemer du reste de fromage râpé. Assaisonner légèrement de paprika. Cuire dans un four préchauffé à 375°F (190°C) pendant 25 minutes ou jusqu'à ce que les muffins soient fermes au toucher. Donne 16 muffins.

Muffins au maïs et au cheddar; Muffins au son et au muesli (p. 16); Muffins au son d'avoine et aux figues (p. 24); Muffins au son d'avoine (p. 25). ▶

Muffins au son d'avoine et aux figues

Utilisez les figues séchées molles pour préparer ces muffins riches en fibres.

1 1/4 t	farine tout usage	300 ml
1 t	farine de blé entier	250 ml
1 t	son d'avoine	250 ml
1 c. à tab	levure chimique (poudre à pâte)	15 ml
2 c. à thé	cannelle	10 ml
1 1/2 c. à thé	bicarbonate de sodium	7 ml
3/4 c. à thé	sel	4 ml
1	oeuf	1
1	boîte (12 1/2 oz/355 ml) de jus de pomme concentré congelé	1
1/2 t	lait	125 ml
1/3 t	huile végétale	75 ml
1/4 t	cassonade tassée	60 ml
2 t	céréales d'avoine grillée ou céréales de flocons de son	500 ml
1 1/2 t	figues hachées	375 ml
1 t	compote de pommes	250 ml

■ Dans un grand bol, mélanger les farines, le son d'avoine sauf 1 c. à table (15 ml), la levure chimique, la cannelle, le bicarbonate de sodium et le sel.

■ Dans un autre bol, battre l'oeuf avec le jus de pomme concentré, le lait, l'huile et la cassonade. Incorporer les céréales, les figues et la compote de pommes. Ajouter aux ingrédients secs et mélanger juste pour humidifier.

■ Verser la préparation avec une cuillère dans de grands moules à muffins graissés en les remplissant complètement. Parsemer du son d'avoine réservé. Cuire au four préchauffé à 375°F (190°C) pendant 25 minutes ou jusqu'à ce qu'ils soient fermes au toucher. Donne environ 21 muffins.

Muffins au son d'avoine

Ayez toujours en réserve de ce délicieux mélange à muffins au son d'avoine. La recette donnée ici permet de préparer 4 fournées, soit environ 40 muffins.

4 t	son d'avoine	1 L
4 t	farine tout usage	1 L
3 t	flocons d'avoine	750 ml
3 t	raisins secs	750 ml
2 t	cassonade tassée	500 ml
1 t	abricots séchés hachés	250 ml
1/4 t	levure chimique (poudre à pâte)	60 ml
4 c. à thé	cannelle	20 ml
2 c. à thé	sel	10 ml
	UNE FOURNÉE	
3 1/2 t	mélange à muffins au son d'avoine	875 ml
1	oeuf	1
1 1/4 t	lait	300 ml
1/4 t	beurre, fondu	60 ml
2 c. à tab	zeste d'orange grossièrement râpé	30 ml

■ Dans un grand contenant hermétique, mélanger le son d'avoine, la farine, les flocons d'avoine, les raisins secs, la cassonade, les abricots, la levure chimique, la cannelle et le sel. Ranger dans un endroit frais et sec pendant au plus 4 semaines. Donne 14 t (3,5 L) de mélange à muffins.

■ **Une fournée:** Mettre le mélange à muffins dans un grand bol. Dans un autre bol, battre l'oeuf et incorporer le lait, le beurre et le zeste d'orange. Ajouter aux ingrédients secs et mélanger juste pour humidifier. Répartir dans de grands moules à muffins graissés en les remplissant complètement. Cuire au four préchauffé à 375°F (190°C) pendant environ 25 minutes. Donne 10 muffins.

LE SON D'AVOINE

Le type de fibre soluble que l'on retrouve dans l'avoine — celle qui rend les flocons d'avoine collants — semble faciliter la baisse du taux de cholestérol sanguin. De plus, le son d'avoine contient davantage de cette fibre bénéfique que les flocons d'avoine.

• Utilisez le son d'avoine comme céréales et dans la préparation des crêpes au petit déjeuner, dans les pains de viande au lieu des craquelins émiettés, et dans les muffins et les pains à préparation rapide à la place du quart de la quantité de farine indiquée dans la recette. Le son d'avoine est vendu dans la plupart des épiceries et supermarchés.

Biscuits aux amandes et à l'orange

Ces biscuits se dégustent tels quels ou, en sandwich, garnis de glace au beurre.

1 t	graisse végétale (shortening)	250 ml
1 t	sucre	250 ml
1	oeuf	1
1/3 t	jus d'orange	75 ml
2 c. à tab	zeste d'orange râpé	30 ml
1/2 c. à thé	extrait d'amande	2 ml
2 3/4 t	farine tout usage	675 ml
1 1/2 c. à thé	levure chimique (poudre à pâte)	7 ml
1/2 t	amandes broyées	125 ml
1/2 t	Glace au beurre (voir recette)	125 ml

■ Dans un bol, battre en crème la graisse végétale avec le sucre. Incorporer successivement l'oeuf, le jus et le zeste d'orange, et l'extrait d'amande sans cesser de battre. Dans un autre bol, mélanger la farine et la levure chimique. Incorporer graduellement au mélange crémeux.

■ Diviser la pâte en deux. Former un rouleau de 10 po (25 cm) de long avec chaque portion de pâte. Les rouler dans les amandes broyées de façon à bien les en enrober. Envelopper les rouleaux dans de la pellicule de plastique ou du papier ciré. Mettre la pâte au réfrigérateur jusqu'à ce qu'elle soit ferme, pendant environ 3 heures.

■ Couper les rouleaux en tranches de 1/4 po (5 mm) d'épaisseur et placer les tranches sur des plaques à pâtisserie non graissées. Cuire au four préchauffé à 375°F (190°C) pendant 10 minutes ou jusqu'à ce que les biscuits soient légèrement dorés. Laisser refroidir sur des grilles. Garnir, si désiré, la moitié des biscuits de glace au beurre (environ une cuillerée à thé par biscuit) et recouvrir des autres biscuits. Donne environ 40 biscuits.

GLACE AU BEURRE

1/4 t	beurre	60 ml
1 t	sucre glace (environ)	250 ml
1 c. à tab	zeste d'orange râpé	15 ml
1 c. à tab	lait ou liqueur d'orange	15 ml
1 c. à thé	vanille	5 ml

■ Dans un petit bol, défaire le beurre en crème. Ajouter, en brassant, le sucre glace, le zeste d'orange, le lait et la vanille. Ajouter un peu plus de sucre glace si nécessaire. Donne environ 1 tasse (250 ml).

(sur la plaque à pâtisserie) Biscuits aux amandes et à l'orange ▶

Meringues au chocolat et aux amandes

Ces biscuits au goût fin, garnis de petits morceaux de chocolat, deviendront vite vos favoris.
Ils sont idéals à l'heure du thé.

3	blancs d'oeufs	3
3/4 t	sucre super fin	175 ml
1 c. à tab	fécule de maïs	15 ml
1/2 c. à thé	extrait d'amande	2 ml
1 t	chocolat mi-amer haché (environ 5 oz/150 g)	250 ml
3/4 t	amandes finement moulues	175 ml

■ Dans un bol, battre les blancs d'oeufs jusqu'à ce qu'ils soient mousseux. Ajouter le sucre, 2 c. à table (30 ml) à la fois, en battant jusqu'à ce que les blancs forment des pics fermes. Ajouter, en battant, la fécule et l'extrait d'amande. Incorporer le chocolat et les amandes en pliant.

■ Laisser tomber la préparation par grosses cuillerées à thé sur des plaques tapissées de papier ciré. Cuire au four à 300°F (150°C) pendant 25 à 30 minutes ou jusqu'à ce que les meringues soient fermes et sèches. Laisser refroidir sur les plaques pendant 5 minutes. Déposer sur des grilles et laisser refroidir complètement. Donne 40 meringues.

(à gauche) Biscuits aux noix et au chocolat;
(à droite) Meringues au chocolat et aux amandes. ▲

Biscuits aux noix et au chocolat

Tout le monde aime le chocolat. Aussi, tous les vôtres ne pourront que raffoler de ces biscuits, tendres et moelleux, garnis de noix et d'un zeste d'orange.

2/3 t	beurre	150 ml
1 t	sucre	250 ml
2	oeufs	2
1 t	farine tout usage	250 ml
1/2 t	cacao non sucré	125 ml
1/4 c. à thé	sel	1 ml
1/2 t	noix de Grenoble, pacanes ou noisettes hachées	125 ml
1/2 t	chocolat mi-amer haché (environ 2 1/2 oz/75 g)	125 ml
2 c. à thé	zeste d'orange râpé	10 ml

■ Dans un bol, battre en crème le beurre avec le sucre. Ajouter les oeufs, un à la fois, en battant. Mélanger la farine, le cacao et le sel, et incorporer au mélange crémeux. Incorporer les noix, le chocolat et le zeste d'orange.

■ Laisser tomber par grosses cuillerées à thé sur des plaques à pâtisserie légèrement graissées. Cuire dans un four préchauffé à 350°F (180°C) pendant 8 à 10 minutes ou jusqu'à ce que les biscuits soient fermes au toucher. Laisser refroidir sur les plaques pendant 5 minutes. Déposer sur des grilles et laisser refroidir complètement. Donne environ 55 biscuits.

Petits biscuits au gingembre

Ces petits biscuits à l'ancienne se préparent en un tournemain.

1/2 t	beurre, ramolli	125 ml
1 1/4 t	cassonade légèrement tassée	300 ml
2 c. à tab	mélasse	30 ml
1	oeuf	1
1 3/4 t	farine tout usage	425 ml
2 c. à thé	gingembre	10 ml
1/2 c. à thé	bicarbonate de sodium	2 ml
1/2 c. à thé	sel	2 ml

■ Dans un bol, battre le beurre avec la cassonade, la mélasse et l'oeuf jusqu'à ce que le mélange soit léger. Mélanger les ingrédients secs et incorporer au mélange crémeux.

■ Façonner la pâte en un rouleau de 2 po (5 cm) de diamètre. Envelopper dans du papier ciré et mettre au réfrigérateur jusqu'à ce que la pâte soit ferme.

■ Couper la pâte en tranches de 1/8 po (3 mm) d'épaisseur et déposer, à environ 1 po (2,5 cm) d'intervalle, sur des plaques à pâtisserie non graissées. Cuire au four préchauffé à 400°F (200°C) pendant 6 à 8 minutes ou jusqu'à ce que les biscuits soient fermes au toucher. Donne environ 65 biscuits.

Biscuits à l'ancienne

*Préparez tout un assortiment de ces biscuits à l'ancienne et essayez-en les délicieuses
variantes à l'orange et au gingembre.*

1/2 t	beurre	125 ml
1 t	cassonade dorée tassée	250 ml
1	oeuf	1
1 c. à thé	vanille	5 ml
1 1/2 t	farine tout usage	375 ml
1/2 c. à thé	bicarbonate de sodium	2 ml
1/2 c. à thé	sel	2 ml

■ Dans un bol, battre le beurre avec la cassonade
jusqu'à ce que le mélange soit léger. Incorporer en
battant l'oeuf et la vanille. Mélanger les ingrédients
secs et incorporer graduellement.

■ Façonner la pâte en un rouleau d'environ 2 po
(5 cm) de diamètre. Envelopper dans de la pellicule
de plastique ou du papier ciré et réfrigérer jusqu'à ce
que la pâte soit ferme, pendant environ 3 heures.

■ Couper en tranches de 1/8 po (3 mm) d'épaisseur
et disposer sur des plaques graissées. Cuire au four à
375°F (190°C) pendant 7 à 9 minutes ou jusqu'à ce
que les biscuits soient à peine dorés. Laisser
refroidir pendant quelques minutes sur les plaques et
déposer sur des grilles. Donne 48 biscuits.

VARIANTES

Biscuits à l'orange et aux amandes: Ajouter 1 c. à
tab (15 ml) de zeste d'orange râpé, 1/4 c. à thé (1 ml)
d'extrait d'amande et 1/2 t (125 ml) d'amandes mon-
dées finement hachées.

Biscuits au gingembre: Ajouter 2 c. à tab (30 ml)
de mélasse au mélange crémeux et 1 c. à tab (15 ml)
de gingembre aux ingrédients secs.

RÉFRIGÉRATION DE LA PÂTE À BISCUITS

*La pâte à biscuits qui a été réfrigérée est ferme et
peut être façonnée en cylindre en la roulant sur
le comptoir de la cuisine. Pour cela, enveloppez
la pâte dans du papier ciré, de la pellicule de
plastique ou du papier d'aluminium, et
réfrigérez-la jusqu'à ce qu'elle soit assez ferme
pour être tranchée, pendant environ quatre
heures ou toute une nuit.*

*• La pâte à biscuits ainsi réfrigérée est idéale
pour ceux et celles qui travaillent à l'extérieur,
car elle se conserve au réfrigérateur jusqu'à deux
semaines, et au congélateur jusqu'à deux mois.
Faites dégeler la pâte en la mettant au réfrigérateur pendant toute une nuit, ou laissez-la
dégeler à la température de la pièce jusqu'à ce
qu'elle soit assez molle pour être tranchée.*

*• Vous pouvez donner aux biscuits la texture que
vous désirez. Les tranches de pâte minces donneront des biscuits croquants et les tranches
épaisses, des biscuits moelleux.*

*• Comme la plupart des pâtes à biscuits qui se
conservent au réfrigérateur contiennent une
bonne quantité de beurre, il n'est pas nécessaire
de graisser les plaques.*

*• Ce type de biscuits est idéal pour les petites
familles, car on peut en faire cuire une petite
quantité à la fois. Pour préparer des biscuits
vraiment spéciaux, roulez la pâte dans des noix
hachées et garnissez les biscuits d'une noix avant
de les faire cuire, ou garnissez-les de glace, de
confiture ou de gelée et recouvrez-les d'un
second biscuit.*

Biscuits aux pépites de chocolat

Cette recette de biscuits aux pépites de chocolat a été conçue avec de plus grandes quantités d'ingrédients que dans les recettes habituelles. Ceci vous permettra de la réussir facilement. Pour des biscuits plus fermes, ajoutez environ 1/4 tasse (60 ml) de farine.

1/2 t	beurre	125 ml
1/2 t	graisse végétale (shortening)	125 ml
1 t	sucre	250 ml
1/2 t	cassonade tassée	125 ml
2	oeufs	2
2 c. à thé	vanille	10 ml
2 t	farine tout usage	500 ml
1 c. à thé	bicarbonate de sodium	5 ml
1/2 c. à thé	sel	2 ml
2 t	pépites de chocolat	500 ml
1 t	noix de Grenoble ou pacanes hachées	250 ml

■ Dans un grand bol, battre le beurre en crème avec la graisse végétale. Incorporer graduellement, en battant, le sucre et la cassonade jusqu'à consistance lisse et crémeuse. Ajouter en battant les oeufs et la vanille.

■ Mélanger la farine, le bicarbonate de sodium et le sel. Incorporer à la préparation crémeuse. Incorporer ensuite les pépites de chocolat et les noix. Mettre la préparation au réfrigérateur pendant quelques minutes ou laisser durcir à la température de la pièce (si elle est fraîche) pendant 30 minutes.

■ Laisser tomber la pâte par grosses cuillerées à table sur des plaques à pâtisserie légèrement graissées. Aplatir légèrement et lisser les bords de façon à obtenir des biscuits de 1/2 po (1 cm) d'épaisseur.

■ Cuire dans un four préchauffé à 375°F (190°C) pendant 8 à 9 minutes ou jusqu'à ce que les biscuits soient dorés sur les bords et encore un peu mous au centre. Laisser reposer sur les plaques pendant 5 minutes. Déposer sur des grilles et laisser refroidir complètement. Donne environ 50 biscuits.

VARIANTE

Biscuits aux pépites de chocolat de luxe: Pour obtenir des biscuits plus riches, utiliser 8 oz (250 g) de chocolat mi-amer, haché en morceaux de 1/2 po (1 cm), au lieu des pépites de chocolat.

Croissants au café et aux noisettes

Ces petits biscuits en forme de croissant sont aussi délicieux avec une tasse de thé qu'avec une tasse de café. Au lieu de les tremper dans du chocolat, vous pouvez simplement les rouler dans du sucre glace.

2 c. à thé	café instantané	10 ml
2 c. à thé	eau chaude	10 ml
1 t	beurre	250 ml
2/3 t	sucre glace	150 ml
2 t	farine tout usage	500 ml
1 t	noisettes ou amandes finement hachées	250 ml
6 oz	chocolat mi-amer	175 g

■ Dissoudre le café dans l'eau chaude et laisser refroidir. Dans un bol, battre le beurre en crème avec le sucre glace et le café. Incorporer la farine et les noisettes. Réfrigérer pendant 30 minutes.

■ Façonner des petites boules de pâte en rouleaux de 3 po (8 cm) de long et 1/2 po (1 cm) de diamètre. Déposer les rouleaux sur des plaques à pâtisserie non graissées et leur donner la forme de croissants.

■ Cuire dans un four préchauffé à 350°F (180°C) pendant 10 à 12 minutes ou jusqu'à ce que les bords des biscuits commencent à dorer. Laisser refroidir.

■ Dans la partie supérieure d'un bain-marie, au-dessus d'une eau frémissante, faire fondre le chocolat. Tremper les extrémités des croissants dans le chocolat et laisser durcir sur une feuille de papier ciré. Donne environ 8 douzaines de biscuits.

(dans le sens des aiguilles d'une montre, à partir du haut) Biscuits sucre-épices; Croissants au café et aux noisettes; Biscuits fourrés au café. ▼

Biscuits sucre-épices

Les enfants adorent cette recette de biscuits, car ils peuvent mettre la main à la pâte avant de dévorer le fruit de leur travail! Décorez, si désiré, les biscuits de glace de sucre rose à l'aide d'une poche à douille.

2 1/2 t	farine tout usage	625 ml
2 c. à thé	bicarbonate de sodium	10 ml
2 c. à thé	cannelle	10 ml
2 c. à thé	gingembre	10 ml
2 c. à thé	clou de girofle	10 ml
1 t	beurre	250 ml
1 1/2 t	sucre	375 ml
1	oeuf	1

■ Mélanger la farine, le bicarbonate de sodium, la cannelle, le gingembre et le clou de girofle. Dans un grand bol, battre en crème le beurre avec le sucre et l'oeuf. Y incorporer graduellement les ingrédients secs. (Si la pâte est très molle, la réfrigérer un peu.)
■ Sur une surface légèrement farinée, abaisser la pâte jusqu'à ce qu'elle ait 1/8 po (3 mm) d'épaisseur. À l'aide d'emporte-pièce, découper les biscuits et les déposer sur une plaque graissée. Cuire au four à 375°F (190°C) pendant 5 à 8 minutes ou jusqu'à ce que les biscuits soient fermes. Donne 50 biscuits.

Biscuits fourrés au café

Utilisez une presse à biscuits pour confectionner ces savoureuses petites gâteries. Leur préparation est un peu plus longue que celle d'autres biscuits, mais leur texture délicate et leur saveur sont telles que vous ne le regretterez pas. Vous pouvez congeler ces biscuits, avec ou sans la garniture.

1 t	beurre	250 ml
1/2 t	sucre glace tamisé	125 ml
2 t	farine tout usage	500 ml
1/4 c. à thé	levure chimique (poudre à pâte)	1 ml
1/2 c. à thé	vanille	2 ml
	GARNITURE	
3 c. à tab	beurre	45 ml
1 c. à thé	café instantané	5 ml
1 1/2 c. à thé	eau chaude	7 ml
1 t	sucre glace tamisé (environ)	250 ml

■ Dans un bol, battre en crème le beurre avec le sucre. Incorporer graduellement la farine, la levure chimique et la vanille.
■ Avec une presse à biscuits munie du tube étoilé, façonner des biscuits de 1 po (2,5 cm) de longueur en les déposant sur des plaques non graissées. (Si la pâte est trop ferme, ajouter un peu de beurre.)
■ Cuire au four préchauffé à 375°F (190°C) pendant 5 à 7 minutes ou jusqu'à ce que les bords des biscuits soient légèrement dorés. Ne pas trop cuire. Laisser refroidir sur des grilles.
■ **Garniture:** Battre le beurre en crème. Dissoudre le café dans l'eau chaude et incorporer au beurre. Incorporer du sucre glace jusqu'à consistance crémeuse. Étendre sur la moitié des biscuits et couvrir des autres biscuits. Donne 72 biscuits.

Biscuits aux flocons d'avoine et au miel

Grâce au miel, ces biscuits conservent tout leur moelleux et ils sont idéals pour les personnes qui sont allergiques au blé.

4 t	flocons d'avoine	1 L
1 c. à thé	levure chimique (poudre à pâte)	5 ml
1 c. à thé	cannelle	5 ml
	Une pincée de sel	
3/4 t	beurre doux, ramolli	175 ml
1/2 t	miel liquide	125 ml
1	oeuf	1
1 c. à thé	vanille	5 ml
1/2 t	raisins secs ou pépites de chocolat (facultatif)	125 ml
36	demi-pacanes (facultatif)	36

■ À l'aide du robot culinaire ou du mélangeur, réduire en poudre la moitié des flocons d'avoine. Ajouter la levure chimique, la cannelle et le sel, et actionner l'appareil pour mélanger. Dans un bol, mélanger le beurre, le miel, l'oeuf et la vanille. Y incorporer les flocons d'avoine réduits en poudre, le reste des flocons d'avoine et les raisins.

■ Laisser tomber par grosses cuillerées à thé, à 1 po (2,5 cm) d'intervalle, sur une plaque à pâtisserie. Aplatir chaque cuillerée jusqu'à ce qu'elle ait 1/4 po (5 mm) d'épaisseur. Décorer, si désiré, d'une demi-pacane. Cuire dans un four préchauffé à 375°F (190°C) pendant environ 20 minutes ou jusqu'à ce que les bords des biscuits soient dorés. Laisser refroidir légèrement avant de les retirer de la plaque, puis laisser refroidir complètement sur des grilles. Donne environ 36 biscuits.

DÉLICES AU MIEL

Le miel est vendu sous différentes formes: le miel en rayons est conservé dans de la cire d'abeille; le miel liquide a été extrait du miel en rayons, puis filtré; le miel en crème est du miel liquide qui a été ensemencé de fins cristaux de miel, entreposé sous des conditions contrôlées jusqu'à ce qu'il soit plein de fins cristaux, puis battu en crème.

• S'il est conservé au froid, le miel liquide brut formera des cristaux plus ou moins gros. Ces derniers s'éliminent facilement en immergeant le pot de miel dans de l'eau chaude jusqu'à ce qu'ils fondent. Le miel en crème peut être transformé en miel liquide de la même façon.

• Lorsque vous achetez du miel, pensez d'abord à l'usage que vous en ferez. Le miel en rayons ne peut être utilisé que pour tartiner. Le miel liquide se mesure et s'incorpore facilement aux préparations culinaires, et le miel en crème donne des gâteaux d'une légèreté incomparable. Ces deux derniers types de miel sont interchangeables dans la plupart des recettes.

Biscuits aux dattes

Ces biscuits, qui se conservent au réfrigérateur ou au congélateur, ont ceci de particulier qu'ils ne nécessitent aucune cuisson au four.

2 c. à tab	beurre	30 ml
1 t	dattes hachées	250 ml
3/4 t	sucre	175 ml
2	oeufs, battus	2
3 t	céréales de riz croustillant	750 ml
1/2 t	noix finement hachées	125 ml
	Sucre glace	

■ Dans une grande casserole, faire fondre le beurre. Incorporer les dattes, le sucre et les oeufs. Cuire, en brassant, à feu moyen jusqu'à ce que le mélange ait épaissi, pendant 7 à 10 minutes. Ajouter les céréales et les noix, et bien mélanger. Laisser refroidir à la température de la pièce.

■ Sur une feuille de papier ciré saupoudrée de sucre glace, façonner la pâte en deux rouleaux de 1 1/2 po (4 cm) de diamètre. Rouler dans le sucre glace pour bien en enrober les rouleaux. Envelopper dans du papier ciré et mettre au réfrigérateur jusqu'à ce que la pâte soit ferme, pendant environ 4 heures ou toute une nuit. Couper en tranches de 1/4 po (5 mm) d'épaisseur. Donne environ 50 biscuits.

BISCUITS — TRUCS ET CONSEILS

Sauf indication contraire, utilisez des ingrédients à la température de la pièce.

• Battez le beurre, le sucre, les oeufs et les substances aromatiques avec un batteur électrique. Utilisez l'appareil à faible vitesse, ou une cuillère en bois, pour incorporer les ingrédients secs.

• Pour une meilleure cuisson, utilisez des plaques à pâtisserie bien propres et brillantes.

• Si vous désirez cuire une grande quantité de biscuits, ne mettez qu'une seule plaque à la fois dans le four et préparez les autres entre temps.

• Si vous ne disposez que d'une seule plaque à pâtisserie, tapissez-la de papier d'aluminium avant de faire cuire les biscuits. Après la cuisson, faites glisser le papier à l'extérieur de la plaque et laissez-y refroidir les biscuits. Rincez la plaque à l'eau froide, essuyez-la et glissez-y la deuxième série de biscuits disposés sur une autre feuille de papier d'aluminium.

• Laissez refroidir les biscuits sur la plaque pendant quelques minutes avant de les déposer sur des grilles et de les laisser refroidir complètement.

• Rangez les biscuits croquants entre des feuilles de papier ciré dans un contenant à fermeture non hermétique. Rangez les biscuits mous dans un contenant fermant hermétiquement de façon à leur conserver leur texture moelleuse.

• Les biscuits mous et croquants ne doivent pas être rangés dans le même contenant.

Biscuits géants au chocolat et aux flocons d'avoine

Tous raffolent des biscuits bien croustillants et garnis de grains de chocolat et de noix. Ils sont encore plus savoureux et nutritifs avec des flocons d'avoine et du germe de blé.

1 3/4 t	flocons d'avoine	425 ml
1 1/2 t	farine tout usage	375 ml
1 t	germe de blé	250 ml
2 c. à thé	bicarbonate de sodium	10 ml
1 c. à thé	sel	5 ml
1 t	beurre	250 ml
1 t	cassonade légèrement tassée	250 ml
2	oeufs	2
1 1/2 t	grains de chocolat ou raisins secs	375 ml
1/2 t	noix hachées	125 ml

■ Mélanger les flocons d'avoine, la farine, le germe de blé, le bicarbonate de sodium et le sel. Dans un grand bol, battre vigoureusement le beurre en crème avec la cassonade et les oeufs. Incorporer les ingrédients secs, puis les grains de chocolat et les noix.

■ Avec une cuillère, déposer la préparation sur des plaques à pâtisserie graissées, en utilisant 1/3 tasse (75 ml) de préparation par biscuit et en laissant un espace de 6 po (15 cm) entre les biscuits. Étendre la préparation en un cercle de 5 po (12 cm). Cuire au four préchauffé à 350°F (180°C) pendant 12 minutes ou jusqu'à ce que les biscuits soient dorés. Laisser refroidir sur les plaques pendant 5 minutes. Déposer sur des grilles et laisser refroidir complètement. Donne environ 15 biscuits.

VARIANTE
Pour des biscuits de 3 po (8 cm) de diamètre, laisser tomber la préparation, 1 cuillerée à table (15 ml) à la fois, sur des plaques à pâtisserie légèrement graissées. Aplatir légèrement. Cuire pendant 8 à 10 minutes. Donne environ 72 biscuits.

Biscuits surprise

Voici une idée amusante pour la boîte à lunch: inscrivez de petits messages sur des bandelettes de papier (3 × 1/2 po - 8 × 1 cm) et insérez-les dans les biscuits surprise.

3 c. à tab	beurre, ramolli	45 ml
3 c. à tab	sucre	45 ml
1	blanc d'oeuf	1
1/2 c. à thé	vanille	2 ml
1/3 t	farine tout usage	75 ml

■ Dans un petit bol, mélanger le beurre, le sucre, le blanc d'oeuf et la vanille. Incorporer la farine. Laisser tomber par petites cuillerées (5 ml) sur des plaques à pâtisserie graissées. Avec le dos d'une cuillère, aplatir les petites boules en cercles de 3 po (8 cm) de diamètre. Cuire, une plaque à la fois, dans un four préchauffé à 400°F (200°C) pendant 3 à 4 minutes ou jusqu'à ce que les bords des biscuits soient légèrement dorés.

■ Déposer la plaque à pâtisserie sur une grille, détacher les biscuits de la plaque avec une spatule et les retourner. Déposer un petit message plié au centre de chaque biscuit et replier rapidement et délicatement le biscuit en deux. Presser les bords ensemble pendant quelques secondes. Prendre le biscuit par les deux extrémités, le déposer sur le bord d'un verre et presser délicatement les extrémités vers le bas de façon à bien courber le biscuit au centre. Déposer chaque biscuit dans un moule à muffin et laisser refroidir (il conservera ainsi sa forme). Procéder de la même façon avec les autres biscuits. (Si les biscuits deviennent trop friables et difficiles à plier, les remettre un peu au four pour les ramollir.) Donne environ 18 biscuits.

Barquettes

Ces biscuits croustillants sont délicieux garnis de sorbet à la lime et de fruits frais.

2	blancs d'oeufs	2
1/2 t	sucre	125 ml
1/3 t	farine tout usage	75 ml
1/4 t	beurre, fondu	60 ml
2 c. à thé	eau	10 ml
1/2 c. à thé	vanille ou extrait d'amande	2 ml
1/4 t	amandes moulues	60 ml

■ Dans un bol, fouetter les blancs d'oeufs avec le sucre, la farine, le beurre, l'eau et la vanille jusqu'à consistance homogène. Incorporer les amandes.

■ Laisser tomber la préparation par grosses cuillerées (équivalant à 2 c. à table/30 ml) sur des plaques graissées et farinées en laissant au moins 8 po (20 cm) entre les biscuits. Avec le dos de la cuillère, étendre la préparation en un cercle de 4 1/2 po (11 cm) de diamètre. Cuire une plaque à la fois au four préchauffé à 400°F (200°C) pendant 6 à 8 minutes. Retirer aussitôt de la plaque avec une spatule et enrouler autour d'un rouleau de papier absorbant vide pour donner une forme courbe. Laisser refroidir. *(Les biscuits peuvent être conservés dans une boîte hermétique pendant 1 semaine. Si nécessaire, faire réchauffer pour rendre croustillant au four préchauffé à 275°F/140°C pendant 1 minute.)* Donne 8 biscuits.

Biscuits de Noël

Servez ces biscuits nature ou garnissez-les de glace (voir l'encadré à la page 44) et de cristaux de sucre de couleur, ou d'un autre élément décoratif à votre goût.

1/2 t	beurre	125 ml
1 t	sucre	250 ml
1	oeuf, légèrement battu	1
3 c. à tab	jus d'orange	45 ml
2 c. à tab	zeste d'orange râpé	30 ml
2 t	farine tout usage	500 ml
2 c. à thé	levure chimique (poudre à pâte)	10 ml
1/4 c. à thé	sel	1 ml

■ Dans un grand bol, battre le beurre en crème avec le sucre jusqu'à ce que le mélange soit pâle et léger. Incorporer en battant l'oeuf, puis le jus et le zeste d'orange. Mélanger la farine, la levure chimique et le sel. Incorporer graduellement au mélange crémeux. Couvrir et mettre au réfrigérateur jusqu'à ce que la pâte soit bien froide.

■ Sur une surface légèrement farinée, abaisser la pâte jusqu'à ce qu'elle ait 1/8 po (3 mm) d'épaisseur. Y découper les biscuits avec des emporte-pièce aux motifs de Noël et déposer sur des plaques à pâtisserie non graissées. Cuire au four préchauffé à 375°F (190°C) pendant 8 minutes ou jusqu'à ce que les biscuits soient légèrement dorés. Laisser refroidir sur des grilles. Donne 48 biscuits de 2 po (5 cm).

(sur le plateau) Biscuits chocolatés garnis; Biscuits étagés à la confiture (p. 42); Biscuits de Noël; Petits rondins au beurre d'arachides (p. 43); Biscuits rigolos (p. 44); (dans le panier carré) Biscuits de Noël; (dans le panier rond) Biscuits chocolatés garnis; Madeleines au chocolat (p. 43); Biscuits rigolos (p. 44). ▲

Biscuits chocolatés garnis

Vous pouvez remplacer les cerises confites par de la confiture, mais n'en garnissez les biscuits qu'au moment de servir.

1/2 t	beurre	125 ml
1/4 t	sucre	60 ml
1	oeuf, blanc et jaune séparés	1
1 c. à thé	vanille	5 ml
1 t	farine tout usage	250 ml
2 c. à tab	cacao non sucré, tamisé	30 ml
1 t	noix de Grenoble hachées fin	250 ml
	Cerises confites rouges et vertes, coupées en deux	

■ Dans un grand bol, battre ensemble le beurre et le sucre jusqu'à ce que le mélange soit pâle et léger. Incorporer en battant le jaune d'oeuf et la vanille.

Mélanger la farine et le cacao et incorporer graduellement au premier mélange. Couvrir et mettre au réfrigérateur pendant 30 minutes.

■ Façonner la pâte en petites boules de 1 po (2,5 cm). Tremper chaque boule dans le blanc d'oeuf légèrement battu, puis la rouler dans les noix hachées. Déposer sur des plaques à pâtisserie non graissées. Avec le doigt ou un dé à coudre graissé, faire une empreinte au centre de chaque boule. Cuire dans un four préchauffé à 325°F (160°C) pendant 7 minutes. Retirer du four et refaire l'empreinte au centre des biscuits. Cuire pendant encore 10 minutes. Laisser refroidir sur des grilles. Garnir chaque biscuit d'une demi-cerise. Donne 2 douzaines de biscuits.

BISCUITS DES FÊTES

Pour les fêtes de fin d'année, préparez des biscuits aux formes variées et saupoudrez-les de sucre, garnissez-les de glace décorative ou trempez-les dans du chocolat. Vous trouverez, dans ce chapitre, plusieurs recettes de délicieux biscuits, tels que les Biscuits de Noël, les Biscuits chocolatés garnis, les Biscuits étagés à la confiture (p. 42), les Madeleines au chocolat (p. 43), les Petits rondins au beurre d'arachides (p. 43), les Biscuits rigolos (p. 44) et les Sablés éclair (p. 48).

Biscuits étagés à la confiture

Avec cette recette, vous pouvez donner n'importe quelle forme aux biscuits en utilisant divers emporte-pièce. Vous pouvez également diviser la recette en deux. Pour bien réussir ces biscuits, il est important que tous les ingrédients soient à la température de la pièce.

2 t	beurre	500 ml
2 t	sucre glace tamisé (environ)	500 ml
2 c. à thé	vanille	10 ml
2	oeufs	2
5 t	farine tout usage	1,25 L
1 c. à thé	sel	5 ml
1/2 c. à thé	bicarbonate de sodium	2 ml
	Confiture de framboises	

■ Dans un bol, battre le beurre en crème avec 2 tasses (500 ml) de sucre jusqu'à ce que le mélange soit pâle et léger. Incorporer en battant la vanille et les oeufs. Mélanger la farine, le sel et le bicarbonate de sodium. Incorporer graduellement au mélange crémeux. Façonner en boule et réfrigérer si la pâte est très molle.

■ Sur une surface légèrement farinée, abaisser environ le quart de la pâte à la fois jusqu'à ce qu'elle ait 1/4 po (5 mm) d'épaisseur. Y découper des biscuits avec un emporte-pièce rond de 2 1/2 po (6 cm) de diamètre. Avec un petit emporte-pièce, faire un trou au centre de la moitié des biscuits. Déposer les biscuits, à 1 1/2 po (4 cm) d'intervalle, sur des plaques à pâtisserie non graissées. Cuire au four préchauffé à 375°F (190°C) pendant 8 minutes ou jusqu'à ce que les biscuits soient légèrement dorés. Laisser refroidir sur des grilles.

■ Saupoudrer de sucre glace les biscuits troués. Tartiner de confiture les autres biscuits et couvrir des biscuits sucrés. Donne environ 60 biscuits.

> *Lorsque vous préparez une nouvelle recette de biscuits, faites d'abord un essai avec deux ou trois biscuits de façon à évaluer leur grosseur une fois cuits, l'espace nécessaire à laisser entre les biscuits et le rendement final.*

Madeleines au chocolat

Les petits moules en forme de coquillage utilisés pour la préparation de ces petits gâteaux français sont vendus dans les boutiques d'articles de cuisine.

1 t	beurre	250 ml
1 t	sucre	250 ml
4	oeufs, légèrement battus	4
1 c. à thé	zeste d'orange râpé	5 ml
1 1/2 t	farine tout usage	375 ml
1/4 t	cacao non sucré	60 ml
1 c. à thé	levure chimique (poudre à pâte)	5 ml
	Une pincée de sel	
	Sucre glace	

■ Dans un grand bol, battre le beurre en crème. Incorporer graduellement le sucre en battant jusqu'à ce que le mélange soit léger. Incorporer les oeufs en battant. Incorporer le zeste d'orange. Mélanger la farine, le cacao, la levure chimique et le sel. Tamiser la moitié des ingrédients secs au-dessus du mélange crémeux et incorporer en remuant. Faire de même avec l'autre moitié.

■ Verser la préparation par cuillerées à table dans les moules à madeleines graissés et farinés. Cuire au four à 400°F (200°C) pendant environ 20 minutes. Démouler sur des grilles et laisser refroidir. Saupoudrer de sucre glace. Donne 24 madeleines.

Petits rondins au beurre d'arachides

Les biscuits au beurre d'arachides sont toujours populaires. Savoureux à souhait, ceux-ci deviendront vite vos favoris.

1/2 t	beurre	125 ml
1 t	beurre d'arachides crémeux	250 ml
1/2 t	cassonade tassée	125 ml
1/4 t	sucre	60 ml
1	oeuf	1
1 c. à thé	vanille	5 ml
1 t	farine tout usage	250 ml
1 c. à thé	bicarbonate de sodium	5 ml
1/2 t	chocolat mi-sucré grossièrement haché	125 ml

■ Dans un bol, battre le beurre en crème avec le beurre d'arachides. Incorporer la cassonade et le sucre en battant jusqu'à ce que le mélange soit lisse et crémeux. Incorporer l'oeuf et la vanille en battant.

■ Mélanger la farine et le bicarbonate. Ajouter au mélange crémeux et remuer juste pour amalgamer.

■ À l'aide d'une grande poche à pâtisserie munie de la douille étoilée #5 ou de la douille unie #2, façonner, en les ondulant, des biscuits de 3 po (8 cm) de longueur sur des plaques légèrement graissées.

■ Cuire au four préchauffé à 375°F (190°C) pendant 10 minutes ou jusqu'à ce qu'ils soient légèrement dorés. Laisser refroidir un peu sur les plaques. Retirer des plaques et laisser refroidir sur des grilles.

■ Entre temps, faire fondre le chocolat dans un bain-marie, au-dessus d'une eau chaude mais non bouillante. Y tremper une extrémité des biscuits refroidis. Laisser refroidir. Donne 32 biscuits.

Biscuits rigolos

Donnez différentes formes à ces biscuits en les confectionnant avec une presse à biscuits et en utilisant ses divers disques. Saupoudrez-les, si désiré, de sucre de couleur avant de les faire cuire.

1 t	beurre, ramolli	250 ml
1 1/4 t	sucre glace tamisé	300 ml
1	oeuf	1
1 c. à thé	vanille	5 ml
2 t	farine tout usage	500 ml
1/4 c. à thé	sel	1 ml
	Glace décorative (voir l'encadré ci-dessous)	

■ Dans un bol, battre vigoureusement le beurre en crème. Ajouter le sucre graduellement, en battant, jusqu'à ce que le mélange soit pâle et léger. Incor-porer l'oeuf et la vanille en battant. Mélanger la farine et le sel et incorporer au mélange crémeux.

■ Remplir la presse à biscuits de pâte. Retirer les biscuits de la presse et les déposer sur des plaques à pâtisserie non graissées. (Si la pâte est trop molle et que les biscuits ne se tiennent pas, la mettre au réfrigérateur quelque temps.) Cuire dans un four préchauffé à 375°F (190°C) pendant 5 à 10 minutes ou jusqu'à ce que les bords des biscuits commencent à dorer. Laisser refroidir sur des grilles. Couvrir de glace si désiré. Donne environ 4 douzaines de biscuits.

GLACE DÉCORATIVE

Ajouter quelques gouttes d'extrait d'amande ou de vanille à un blanc d'oeuf légèrement battu. Y incorporer assez de sucre glace tamisé (environ 2 tasses/500 ml) pour obtenir une glace con-sistante et facile à utiliser avec une poche à douille. Si la glace est trop épaisse, y ajouter quelques gouttes de lait. Répartir la glace dans plusieurs petits bols et incorporer à chacun un peu de colorant alimentaire. (La glace peut être légèrement éclaircie et appliquée sur les biscuits avec un pinceau.) Couvrir la glace d'un linge humide afin d'éviter qu'elle ne durcisse.

Biscuits à l'orange et à la noix de coco

À la fois tendres et croquants, ces biscuits sont un pur délice.

3 t	farine tout usage	750 ml
1 1/2 t	noix de coco râpée	375 ml
1/2 c. à thé	bicarbonate de sodium	2 ml
1 t	beurre, ramolli	250 ml
1 t	sucre	250 ml
1	oeuf	1
1/4 t	jus d'orange	60 ml
2 c. à tab	zeste d'orange râpé	30 ml

■ Mélanger la farine, la noix de coco et le bicarbonate de sodium. Dans un bol, battre le beurre en crème avec le sucre, l'oeuf, le jus et le zeste d'orange. Incorporer aux ingrédients secs.

■ Façonner la pâte en deux rouleaux de 1 1/2 po (4 cm) de diamètre. Envelopper dans du papier ciré et réfrigérer pendant environ 4 heures.

■ Couper la pâte en tranches de 1/8 po (3 mm) d'épaisseur et déposer sur des plaques à pâtisserie non graissées. Cuire au four à 375°F (190°C) pendant 8 à 10 minutes. Donne environ 96 biscuits.

Gaufrettes aux amandes

La réalisation de cette recette ne requiert, en tout et pour tout, que 15 minutes!

18	gaufrettes ou biscuits graham (environ)	18
1 t	amandes tranchées	250 ml
1 t	cassonade dorée tassée	250 ml
1 t	beurre	250 ml

■ Tapisser une plaque à pâtisserie de 17 × 11 po (45 × 29 cm) avec les gaufrettes graham. Parsemer des amandes. Dans une petite casserole, mettre la cassonade et le beurre. Amener à ébullition à feu moyen-vif en brassant constamment. Laisser bouillir pendant 3 minutes.

■ Verser sur les amandes et étendre uniformément. Cuire dans un four préchauffé à 350°F (180°C) pendant 7 minutes ou jusqu'à ce que la préparation soit bouillonnante. Laisser refroidir légèrement et couper en carrés. Donne environ 50 gaufrettes.

Sablés au citron

Ces petites bouchées savoureuses sont faciles à réaliser. Elles disparaîtront en moins de temps qu'il n'en faut pour les préparer.

1 t	beurre	250 ml
1/2 t	sucre	125 ml
2 c. à tab	zeste de citron râpé	30 ml
2 t	farine tout usage	500 ml

■ Dans un grand bol, battre le beurre en crème. Incorporer le sucre en battant jusqu'à ce que le mélange soit pâle et léger. Incorporer le zeste de citron, puis la farine, graduellement. Façonner la pâte en deux disques égaux, envelopper et réfrigérer pendant 30 minutes.

■ Entre deux feuilles de papier ciré, étendre la pâte au rouleau jusqu'à ce qu'elle ait 1/4 po (5 mm) d'épaisseur. Avec un emporte-pièce fariné de 2 po (5 cm) de diamètre, détailler les biscuits et les déposer sur des plaques à pâtisserie non graissées. Cuire dans un four préchauffé à 300°F (150°C) pendant 17 à 20 minutes ou jusqu'à ce que les biscuits soient légèrement dorés en dessous. Laisser refroidir sur des grilles. Donne environ 3 douzaines de biscuits.

VARIANTE

Rondelles aux pacanes: Suivre la recette de Sablés au citron, mais ne pas mettre de zeste de citron. Réduire la quantité de farine à 1 3/4 tasse (425 ml) et mélanger celle-ci avec 1/2 tasse (125 ml) de pacanes hachées. Façonner la pâte en deux rouleaux de 9 po (23 cm) de longueur. Envelopper et réfrigérer jusqu'à ce que la pâte soit ferme, pendant environ 2 heures. Couper en rondelles de 1/4 po (5 mm) d'épaisseur et cuire tel qu'indiqué dans la recette. Donne environ 6 douzaines de biscuits.

BISCUITS — COMBINAISONS

La farine de blé entier ou graham peut remplacer la moitié de la quantité de farine tout usage indiquée dans la recette.

• Une quantité égale de cassonade peut être utilisée à la place du sucre.

• Les raisins secs peuvent être remplacés par des dattes hachées, des raisins de Corinthe, des abricots séchés hachés, des figues hachées ou des petits morceaux de fruits séchés.

• Dans une recette, vous pouvez utiliser indifféremment de la noix de coco nature ou grillée. Si vous l'utilisez pour enrober la pâte avant de la trancher, il est préférable d'employer de la noix de coco nature, car elle brûlerait durant la cuisson des biscuits.

• Dans les pâtes à biscuits qui se conservent au réfrigérateur, vous pouvez remplacer le chocolat par du cacao. Substituez ainsi 3 c. à table (45 ml) de cacao à chaque once (30 g) de chocolat. Mélangez le cacao avec les autres ingrédients secs de la recette et ajoutez 1 c. à table (15 ml) de beurre.

COUP DE POUCE

COLLECTION
CULINAIRE

MUFFINS ET BISCUITS

Les 65 meilleures recettes de muffins, biscuits et carrés

Biscuits aux amandes

Ces biscuits croquants sont délicieux le soir, après le repas, avec une tasse de café ou avec de la crème glacée.

1 t	amandes mondées	250 ml
1 t	sucre glace	250 ml
1 c. à thé	farine tout usage	5 ml
2	blancs d'oeufs	2
1/3 t	sucre	75 ml
1 c. à thé	extrait d'amande	5 ml

■ À l'aide du robot culinaire, moudre finement les amandes avec 1/4 tasse (60 ml) du sucre glace. Ajouter le reste du sucre glace et la farine et mélanger.

■ Dans un bol, battre les blancs d'oeufs jusqu'à ce qu'ils forment des pics mous. Incorporer le sucre graduellement en battant jusqu'à ce qu'ils forment des pics fermes et brillants. Incorporer le mélange aux amandes et l'extrait d'amande en pliant la préparation (en la soulevant délicatement).

■ À l'aide d'une poche à douille, façonner des petits monticules de 1 1/2 po (4 cm) de largeur en les dis-posant à 1 1/2 po (4 cm) d'intervalle sur des plaques à pâtisserie graissées. Cuire dans un four préchauffé à 300°F (150°C) pendant 40 à 45 minutes ou jusqu'à ce que les biscuits soient légèrement dorés. Éteindre le four et y laisser sécher les biscuits pendant 20 minutes. Laisser refroidir les biscuits sur des grilles. Saupoudrer, si désiré, de sucre glace. Donne environ 2 1/2 douzaines de biscuits.

Sablés au citron; Biscuits aux amandes. ▲

Sablés éclair

Avec cette recette très rapide et facile à réaliser, vous pourrez vous régaler à longueur d'année de ces favoris du temps des fêtes.

1 t	beurre	250 ml
1 t	sucre glace	250 ml
1 c. à thé	vanille	5 ml
2 t	farine tout usage	500 ml

■ Dans un bol, défaire le beurre en crème avec le sucre et la vanille. Ajouter graduellement la farine en brassant. Façonner la pâte en boule et la pétrir délicatement jusqu'à ce qu'elle soit lisse.

■ Diviser la pâte en deux et façonner en deux rouleaux de 2 po (5 cm) de diamètre. Envelopper dans du papier ciré. Réfrigérer jusqu'à ce que la pâte soit ferme, pendant environ 3 heures.

■ Couper les rouleaux en tranches de 1/4 po (5 mm) d'épaisseur et déposer les tranches sur des plaques à pâtisserie non graissées. Cuire au four préchauffé à 300°F (150°C) pendant 20 minutes ou jusqu'à ce que les biscuits soient fermes mais non dorés. Laisser refroidir légèrement sur les plaques et déposer sur des grilles. Donne 48 sablés.

VARIANTES

Sablés au chocolat: Ajouter 1 c. à tab (15 ml) d'eau au mélange crémeux. Tamiser 1/2 t (125 ml) de cacao non sucré avec la farine avant de l'ajouter à la préparation.

Sablés au gingembre: Ajouter 1 c. à thé (5 ml) de gingembre à la farine. À la fin, ajouter 1/3 t (75 ml) de gingembre confit haché à la pâte.

Sablés aux noisettes: Remplacer 1/2 t (125 ml) de farine par des noisettes moulues finement.

Biscuits au beurre d'arachides

Une version allégée des biscuits favoris des enfants, que l'on accompagne, bien sûr, d'un grand verre de lait froid.

1/2 t	beurre, ramolli	125 ml
1/2 t	sucre	125 ml
1/2 t	cassonade tassée	125 ml
1	oeuf	1
1 t	beurre d'arachides crémeux	250 ml
1/2 c. à thé	vanille	2 ml
1 1/2 t	farine tout usage	375 ml
1/2 c. à thé	sel	2 ml
1/2 c. à thé	bicarbonate de sodium	2 ml
1 t	arachides non salées	250 ml

■ Dans un bol, battre en crème le beurre avec le sucre et la cassonade jusqu'à ce que le mélange soit léger. Incorporer, en battant, l'oeuf, le beurre d'arachides et la vanille. Mélanger la farine, le sel et le bicarbonate de sodium, et incorporer les arachides. Incorporer au premier mélange.

■ Façonner la pâte en petites boules de 1 c. à table (15 ml). Disposer à 1 po (2,5 cm) d'intervalle sur des plaques légèrement graissées et aplatir délicatement avec une fourchette. Cuire au four à 375°F (190°C) pendant 10 minutes ou jusqu'à ce que les biscuits soient légèrement dorés. Laisser refroidir sur une grille. Donne 3 1/2 douzaines de biscuits.

Biscuits fondants aux pépites de chocolat

La purée de citrouille donne à ces petits biscuits épicés une texture incomparable.

3/4 t	graisse végétale (shortening)	175 ml
1 1/4 t	cassonade tassée	300 ml
2	oeufs	2
1 t	purée de citrouille	250 ml
1 c. à thé	vanille	5 ml
2 t	farine tout usage	500 ml
1 c. à thé	levure chimique	5 ml
1 c. à thé	cannelle	5 ml
1/2 c. à thé	bicarbonate de sodium	2 ml
1/2 c. à thé	sel	2 ml
1/2 c. à thé	muscade	2 ml
1/2 c. à thé	piment de la Jamaïque	2 ml
1/2 c. à thé	clou de girofle	2 ml
1 t	raisins secs	250 ml
1 t	pépites de chocolat	250 ml
1/2 t	dattes hachées	125 ml
1/2 t	noix de Grenoble hachées	125 ml

■ Dans un grand bol, battre en crème la graisse végétale avec la cassonade. Incorporer, en battant, les oeufs, la purée de citrouille et la vanille.

■ Mélanger la farine, la levure chimique, la cannelle, le bicarbonate de sodium, le sel, la muscade, le piment de la Jamaïque et le clou de girofle. Incorporer au mélange crémeux. Incorporer les raisins secs, les pépites de chocolat, les dattes et les noix.

■ Laisser tomber par grosses cuillerées à thé sur des plaques graissées. Cuire au four à 350°F (180°C) pendant 10 à 12 minutes. Donne 60 biscuits.

Biscuits fondants aux pépites de chocolat;
Surprises de l'halloween (p. 52). ▲

Barres aux cerises et aux amandes

Ces petits gâteaux moelleux regorgent de cerises, de noix et de chocolat.

1 t	beurre, ramolli	250 ml
1 t	sucre	250 ml
1	oeuf	1
1/2 c. à thé	extrait d'amande	2 ml
2 t	farine tout usage	500 ml
1 c. à thé	levure chimique	5 ml
1/4 c. à thé	sel	1 ml
2 t	grains de chocolat	500 ml
1 t	cerises au marasquin grossièrement hachées	250 ml
1/2 t	amandes en lamelles	125 ml
1/2 t	noix de coco râpée	125 ml

■ Dans un grand bol, battre le beurre en crème avec le sucre jusqu'à ce que le mélange soit pâle et léger. Incorporer l'oeuf et l'extrait d'amande en battant. Mélanger la farine, la levure chimique et le sel. Incorporer au mélange crémeux, mais ne pas trop mélanger. Incorporer les grains de chocolat, les cerises, les amandes et la noix de coco.

■ Étendre uniformément la préparation dans un moule à gâteau non graissé de 13 × 9 po (3,5 L). Cuire au four préchauffé à 350°F (180°C) pendant 30 minutes ou jusqu'à ce que le gâteau soit doré. Laisser refroidir complètement dans le moule sur une grille avant de découper en rectangles. Donne environ 40 barres.

Barres aux pacanes et au caramel

Ces barres se préparent en quelques minutes seulement et font un délicieux dessert pour la boîte à lunch.

1 t	cassonade tassée	250 ml
1/4 t	beurre	60 ml
1	oeuf	1
1 c. à thé	vanille	5 ml
1/2 t	farine tout usage	125 ml
1/4 c. à thé	bicarbonate de sodium	1 ml
1/4 c. à thé	sel	1 ml
1 t	pacanes grossièrement hachées	250 ml

■ Dans une casserole, faire chauffer la cassonade et le beurre à feu moyen, en brassant, jusqu'à ce qu'ils soient fondus. Retirer du feu et laisser refroidir légèrement. Incorporer en battant l'oeuf et la vanille. Incorporer la farine, le bicarbonate et le sel, mais ne pas trop mélanger. Incorporer les pacanes.

■ Étendre la préparation dans un moule carré, graissé, de 8 po (2 L). Cuire au four à 350°F (180°C) pendant 15 à 18 minutes ou jusqu'à ce que le gâteau soit ferme et doré. Laisser refroidir dans le moule pendant 15 minutes. Donne 20 barres.

Barres aux cerises et aux amandes; Barres aux pacanes et au caramel; Carrés meringués au citron (p. 60); Carrés au chocolat et aux noix (p. 60). ▶

Surprises de l'halloween

Débordants de saveur, ces petits gâteaux sont apprêtés avec de la purée de citrouille, comme il se doit pour l'occasion, et sont recouverts d'une délicieuse garniture au chocolat.

3/4 t	farine tout usage	175 ml
1 c. à thé	levure chimique	5 ml
1/2 c. à thé	sel	2 ml
1/4 c. à thé	cannelle	1 ml
1/4 c. à thé	muscade	1 ml
2	oeufs	2
1 t	cassonade tassée	250 ml
1/2 t	purée de citrouille	125 ml
1/4 t	huile végétale	60 ml
2 c. à thé	zeste d'orange râpé	10 ml
1/2 c. à thé	vanille	2 ml
1/2 t	raisins secs	125 ml
1/2 t	noix hachées	125 ml
2 t	grains de chocolat	500 ml

■ Mélanger la farine, la levure chimique, le sel, la cannelle et la muscade. Dans un grand bol, battre les oeufs. Y mélanger la cassonade, la purée de citrouille, l'huile, le zeste d'orange et la vanille. Incorporer aux ingrédients secs. Ajouter les raisins, les noix et la moitié des grains de chocolat. Mélanger pour bien amalgamer aux autres ingrédients.

■ Étendre la préparation dans un moule à gâteau carré, graissé et fariné, de 9 po de côté (2,5 L). Cuire au four préchauffé à 350°F (180°C) pendant 25 à 30 minutes ou jusqu'à ce que le gâteau reprenne sa forme lorsqu'on le presse légèrement. Retirer du four et parsemer du reste de grains de chocolat. Lorsque les grains deviennent mous, étendre uniformément sur le gâteau. Laisser refroidir et couper en rectangles. Donne environ 30 barres.

Carrés aux flocons d'avoine et à la noix de coco

Dorés et croustillants, ces carrés sont un vrai régal.

1 1/2 t	flocons d'avoine	375 ml
1 t	cassonade tassée	250 ml
1/2 t	noix de coco en flocons	125 ml
1 c. à thé	levure chimique (poudre à pâte)	5 ml
1/2 c. à thé	sel	2 ml
1/2 t	beurre, fondu	125 ml
1 c. à thé	vanille	5 ml
1 c. à tab	sucre	15 ml

■ Dans un bol, mélanger les flocons d'avoine, la cassonade, la noix de coco, la levure et le sel. Incorporer le beurre et la vanille sans trop mélanger.

■ Étendre dans un moule à gâteau de 13 × 9 po (3,5 L) non graissé et presser fermement la préparation avec le dos d'une cuillère. Saupoudrer du sucre.

■ Cuire au four à 300°F (150°C) pendant 25 minutes ou jusqu'à ce que le biscuit soit doré. Laisser refroidir sur une grille pendant 5 minutes avant de couper avec un couteau enduit de beurre. Laisser refroidir avant de retirer du moule. Donne 40 carrés.

Carrés à l'abricot et aux flocons d'avoine

Grâce au four à micro-ondes, cette recette est des plus faciles à réaliser.

1 t	flocons d'avoine	250 ml
1 t	farine tout usage	250 ml
1 t	cassonade tassée	250 ml
1/2 c. à thé	levure chimique	2 ml
1/4 c. à thé	sel	1 ml
1/2 t	beurre	125 ml
	GARNITURE	
1 1/2 t	abricots séchés, hachés	375 ml
3/4 t	eau	175 ml
1/2 t	sucre	125 ml

■ **Garniture:** Dans une tasse à mesurer allant au micro-ondes, d'une capacité de 8 tasses (2 L), mélanger les abricots, l'eau et le sucre. Couvrir et cuire à puissance maximale pendant 6 à 8 minutes, ou jusqu'à ce que l'eau bouille et que les fruits soient ramollis, en brassant toutes les 2 minutes. Découvrir et laisser tiédir en brassant souvent.

■ Entre temps, dans un bol, mélanger les flocons d'avoine, la farine, la cassonade, la levure chimique et le sel. Y couper le beurre en petits morceaux jusqu'à ce que la préparation soit granuleuse. Étendre la moitié de la préparation dans un moule carré, allant au micro-ondes, de 8 po de côté (2 L). Étendre sur la garniture et recouvrir uniformément du reste de la préparation. Cuire à puissance moyenne-forte (70 %) pendant 9 minutes ou jusqu'à ce que le gâteau soit ferme, en tournant le moule toutes les 3 minutes. Couvrir de papier d'aluminium et laisser reposer sur le comptoir pendant 10 minutes. Découvrir et laisser refroidir sur une grille. Couper en carrés. Donne 20 carrés.

BARRES ET CARRÉS
Préparation et cuisson:
• *Mélangez les ingrédients de la pâte juste pour obtenir une préparation homogène, sinon les barres seront dures.*
• *Étendez la préparation uniformément dans le moule de façon à obtenir une texture et une cuisson égales.*
• *Surveillez attentivement le gâteau pendant la cuisson. Si le gâteau cuit trop longtemps, les barres seront dures et sèches. S'il ne cuit pas assez, les barres seront pâteuses.*
Découpage:
• *Découpez les barres lorsque le gâteau est légèrement chaud ou complètement refroidi, à moins d'indication contraire dans la recette. Si le gâteau est encore chaud au moment où vous le découpez, les barres s'émietteront.*
• *Utilisez une règle pour marquer le gâteau avant de découper les barres ou les carrés.*
• *Coupez les carrés et les barres plus petits ou plus grands selon les occasions. Les petits carrés seront plus appropriés pour servir avec le thé, et les plus grands seront idéals pour la collation.*
• *Coupez d'abord le gâteau en croix à partir du milieu du moule, puis découpez en ligne droite à partir du milieu.*

Barres à la citrouille

Ces barres mi-sucrées mi-épicées sont délicieuses à toute heure du jour.

1 t	cassonade tassée	250 ml
3/4 t	beurre, ramolli	175 ml
1/2 t	miel liquide	125 ml
4	oeufs	4
1	boîte (14 oz/398 ml) de purée de citrouille	1
1 t	farine tout usage	250 ml
1 t	farine de blé entier	250 ml
1 t	noix de Grenoble hachées	250 ml
2 c. à thé	levure chimique (poudre à pâte)	10 ml
1/2 c. à thé	bicarbonate de sodium	2 ml
1/2 c. à thé	sel	2 ml
1/2 c. à thé	cannelle	2 ml
1/4 c. à thé	muscade	1 ml
	Une pincée de clou de girofle	
	GLACE	
3/4 lb	fromage à la crème léger	375 g
3 c. à tab	miel liquide	45 ml
48	demi-noix de Grenoble	48

■ Dans un bol, battre ensemble la cassonade, le beurre et le miel jusqu'à ce que le mélange soit léger. Incorporer les oeufs, un à la fois, en battant. Ajouter la purée de citrouille. Mélanger les farines, les noix hachées, la levure chimique, le bicarbonate de sodium, le sel, la cannelle, la muscade et le clou de girofle. Incorporer au mélange à la citrouille sans trop mélanger.

■ Étendre la préparation dans une plaque à gâteau roulé, graissée, de 17 1/2 × 11 1/2 po (45 × 29 cm). Cuire au four à 350°F (180°C) pendant 30 à 35 minutes. Laisser refroidir sur une grille.

■ **Glace:** Dans un bol, mélanger le fromage avec le miel. Étendre sur le gâteau refroidi et couper en rectangles. Garnir chaque petit gâteau d'une demi-noix. Donne 48 barres.

DES GÂTERIES ALLÉGÉES

Dans les recettes de Barres à la citrouille, de Carrés de riz croustillant au beurre d'arachides et de Barres au beurre d'arachides et aux flocons d'avoine (p. 57), les quantités de sucre, de beurre et d'huile ont été réduites. Ces collations nutritives se conservent pendant trois jours au réfrigérateur et trois mois au congélateur.

Carrés de riz croustillant au beurre d'arachides

Apprêtés avec du beurre d'arachides, ces carrés de riz seront tout aussi populaires que les carrés traditionnels auprès des enfants.

2/3 t	sirop de maïs	150 ml
1/2 t	beurre d'arachides crémeux	125 ml
4 t	céréales de riz croustillant	1 L
1/2 t	raisins secs	125 ml

■ Dans une grande casserole, faire chauffer à feu moyen le sirop et le beurre d'arachides. Ajouter les céréales et les raisins, et brasser pour bien les enrober.

■ Étendre la préparation dans un moule carré, légèrement graissé, de 8 po de côté (2 L). Réfrigérer pendant environ 1 heure ou jusqu'à ce que la préparation soit ferme. Couper en carrés. Donne environ 16 carrés.

Carrés de riz croustillant au beurre d'arachides;
Barres à la citrouille. ▲

Barres aux flocons d'avoine et au sésame

Les barres aux flocons d'avoine sont toujours populaires. Cette version avec des graines de sésame plaira aux enfants qui ne manqueront pas de les ajouter à leur boîte à lunch.

1/2 t	beurre	125 ml
1 t	cassonade tassée	250 ml
1 c. à thé	vanille	5 ml
1 1/2 t	flocons d'avoine	375 ml
1/2 t	graines de sésame	125 ml
1/2 c. à thé	levure chimique (poudre à pâte)	2 ml

■ Dans une casserole, faire fondre le beurre à feu moyen. Incorporer la cassonade et la vanille, et cuire pendant 2 minutes ou jusqu'à ce que la préparation soit bouillonnante. Retirer du feu. Incorporer les autres ingrédients. Presser la préparation dans un moule graissé de 12 × 8 po (3 L). Cuire au four à 375°F (190°C) pendant 7 à 10 minutes ou jusqu'à ce que la surface soit légèrement dorée. Laisser refroidir. Couper en rectangles. Donne 48 barres.

Carrés au fromage et aux framboises

Dix minutes suffisent pour préparer ces savoureux carrés. Si vous le désirez, vous pouvez remplacer la confiture de framboises par une autre confiture ou gelée. Conservez ces carrés au réfrigérateur.

1 1/4 t	sucre	300 ml
1/2 t	beurre	125 ml
3	oeufs	3
2 t	farine tout usage	500 ml
1/2 c. à thé	levure chimique (poudre à pâte)	2 ml
1/2 c. à thé	muscade	2 ml
1/2 lb	fromage à la crème	250 g
1/4 t	confiture ou gelée de framboises	60 ml

■ Dans un bol, battre ensemble 1 tasse (250 ml) de sucre, le beurre et 2 oeufs jusqu'à ce que le mélange soit léger. Incorporer la farine, la levure chimique et la muscade. Étendre uniformément dans un moule à gâteau carré, graissé, de 9 po de côté (2,5 L).

■ Dans un bol, battre ensemble le fromage à la crème, le reste du sucre et le troisième oeuf. Étendre délicatement sur la première préparation dans le moule. Laisser tomber, à égale distance les unes des autres, 12 petites cuillerées de confiture sur la préparation au fromage. À l'aide d'un couteau ou d'une spatule, dessiner des volutes avec la confiture, mais sans déplacer la préparation au fromage en dessous. Cuire au four préchauffé à 350°F (180°C) pendant 35 minutes ou jusqu'à ce que le fromage soit doré et qu'un cure-dent inséré au centre du gâteau en ressorte propre. Couper en carrés. Servir chaud ou froid. Donne 36 carrés.

Barres croustillantes au chocolat

Ces petites gâteries se cuisent sur le feu, et non au four. Simples à réaliser, les enfants prendront plaisir à les préparer.

1 t	beurre d'arachides crémeux	250 ml
1 t	cassonade tassée	250 ml
1/2 t	sirop de maïs	125 ml
1/2 t	miel liquide	125 ml
1 t	arachides hachées	250 ml
1 c. à thé	vanille	5 ml
8 t	céréales de flocons de maïs	2 L
2 t	grains de chocolat	500 ml
2 c. à tab	graisse végétale (shortening)	30 ml

■ Dans une casserole, mélanger le beurre d'arachides, la cassonade, le sirop et le miel. Faire chauffer à feu moyen en brassant jusqu'à ce que le mélange soit onctueux. Retirer du feu et incorporer les arachides et la vanille. Incorporer graduellement les céréales. Étendre dans une plaque à gâteau roulé, graissée, de 15 × 10 po (40 × 25 cm).

■ Dans la partie supérieure d'un bain-marie, au-dessus d'une eau frémissante, faire fondre le chocolat avec la graisse végétale. Étendre uniformément sur la préparation. Mettre au réfrigérateur jusqu'à ce que la préparation soit ferme. Couper en rectangles de 3 × 1 po (8 × 2,5 cm). Donne 50 barres.

Barres au beurre d'arachides et aux flocons d'avoine

Idéales pour la boîte à lunch, ces barres feront le régal de tous.

1 t	beurre d'arachides crémeux	250 ml
1/2 t	cassonade tassée	125 ml
1/2 t	sirop de maïs	125 ml
1/3 t	beurre, ramolli	75 ml
2 c. à thé	vanille	10 ml
3 t	flocons d'avoine	750 ml
1/2 t	noix de coco sucrée en flocons	125 ml
1/2 t	graines de tournesol salées	125 ml
1/2 t	raisins secs	125 ml
1/3 t	germe de blé	75 ml
3/4 t	pépites de chocolat mi-sucré (facultatif)	175 ml

■ Dans un bol, battre ensemble le beurre d'arachides, la cassonade, le sirop, le beurre et la vanille jusqu'à ce que le mélange soit crémeux. Incorporer les flocons d'avoine, la noix de coco, les graines de tournesol, les raisins et le germe de blé. Incorporer, si désiré, les grains de chocolat.

■ Étendre la préparation dans un moule graissé de 13 × 9 po (3 L). Cuire au four préchauffé à 350°F (180°C) pendant 20 à 25 minutes ou jusqu'à ce que le dessus soit doré. Laisser refroidir sur une grille avant de couper en rectangles. Donne 32 barres.

Carrés aux framboises et aux amandes

Préparez en même temps deux sortes de carrés en doublant la quantité des ingrédients secs et du beurre et en utilisant deux sortes de confitures pour la garniture. Ananas, fraises, cerises ou abricots, vous n'avez que l'embarras du choix.

1 1/2 t	farine tout usage	375 ml
1 t	cassonade légèrement tassée	250 ml
1 c. à thé	levure chimique (poudre à pâte)	5 ml
1/4 c. à thé	sel	1 ml
3/4 t	beurre	175 ml
1 1/2 t	flocons d'avoine	375 ml
1 1/4 t	confiture de framboises	300 ml
1/2 t	amandes tranchées	125 ml

■ Dans un bol, mélanger la farine, la cassonade, la levure chimique et le sel. Incorporer le beurre à l'aide de deux couteaux jusqu'à ce que la préparation soit friable. Incorporer les flocons d'avoine. Étendre les deux tiers de la préparation en pressant fermement dans un moule à gâteau de 13 × 9 po (3,5 L), graissé. Couvrir uniformément de la confiture. Incorporer les amandes au reste de la préparation grumeleuse. Étendre uniformément sur la confiture et presser légèrement.

■ Cuire au four préchauffé à 375°F (190°C) pendant 30 à 35 minutes ou jusqu'à ce que le dessus soit doré. Laisser refroidir dans le moule sur une grille. Couper en carrés. Donne 48 carrés.

UN JEU D'ENFANT

Les barres et les carrés sont les friandises idéales pour ceux qui disposent de peu de temps pour cuisiner et qui aiment avoir en réserve des gâteries sucrées pour la boîte à lunch, la collation de l'après-midi ou de la soirée. Nécessitant moins d'opérations, ils se préparent beaucoup plus rapidement que les biscuits. Et leur variété — fondants, croustillants, chocolatés, croquants ou garnis de noix — est tout aussi grande.

Barres au chocolat et aux arachides

Cette recette se prépare au micro-ondes. Vous pouvez remplacer les grains de beurre d'arachides par des grains de chocolat blanc, dans le gâteau et la garniture.

1 t	grains de chocolat	250 ml
1/2 t	beurre	125 ml
2/3 t	sucre	150 ml
2	oeufs	2
1 c. à thé	vanille	5 ml
3/4 t	farine tout usage	175 ml
1/2 c. à thé	levure chimique	2 ml
1/4 c. à thé	sel	1 ml
1/2 t	grains de beurre d'arachides	125 ml
	GARNITURE	
1 t	grains de chocolat	250 ml
4 c. à thé	huile végétale	20 ml
1/4 t	grains de beurre d'arachides	60 ml

■ Dans une tasse à mesurer d'une capacité de 2 tasses (500 ml), faire fondre le chocolat avec le beurre à puissance moyenne (50 %) pendant 3 à 4 minutes, en brassant une fois. Laisser refroidir légèrement.

■ Dans un bol, battre le sucre avec les oeufs. Incorporer le chocolat tiédi et la vanille. Mélanger la farine, la levure chimique et le sel. Incorporer au mélange au chocolat. Incorporer les grains de beurre d'arachides. Étendre la préparation dans un moule carré allant au micro-ondes, de 8 po (2 L), non graissé. Cuire à puissance maximale pendant 4 1/2 à 5 minutes ou jusqu'à ce que le dessus ne soit plus collant, en tour-nant le moule une fois. Laisser reposer sur le comptoir pendant 10 minutes. Déposer sur une grille et laisser refroidir.

■ **Garniture:** Entre temps, dans un petit bol allant au micro-ondes, mélanger le chocolat et 1 c. à table (15 ml) d'huile. Faire chauffer à puissance moyenne (50 %) pendant 2 à 2 1/2 minutes ou jusqu'à ce que le chocolat soit fondu, en brassant deux fois. Dans un autre bol allant au micro-ondes, mélanger les grains de beurre d'arachides avec le reste de l'huile. Faire chauffer à puissance moyenne (50 %) pendant 1 à 2 minutes ou jusqu'à ce que les grains soient fondus, en brassant une fois.

■ Étendre le chocolat sur le gâteau. Arroser, en formant des bandes à 1 po (2,5 cm) d'intervalle, du beurre d'arachides fondu. Avec la pointe d'un couteau, imprimer un mouvement de va-et-vient dans le beurre d'arachides, dans le sens contraire des bandes. Réfrigérer pendant 1 heure. Couper en rectangles. Donne 16 barres.

Carrés meringués au citron

Ces carrés fondants se composent d'une savoureuse meringue au citron et d'un fond de biscuit sablé auxquels personne ne pourra résister.

1/2 t	beurre, ramolli	125 ml
1/2 t	sucre glace	125 ml
1 t	farine tout usage	250 ml
	GARNITURE	
2	blancs d'oeufs	2
	Une pincée de sel	
1/2 t	sucre	125 ml
1 c. à thé	zeste de citron râpé	5 ml
2 c. à tab	jus de citron	30 ml

■ Dans un bol, battre le beurre en crème. Ajouter graduellement le sucre, en battant, jusqu'à ce que le mélange soit léger. Incorporer la farine pour obtenir une préparation friable. Avec les doigts farinés, étendre dans un moule non graissé de 13 × 9 po (3,5 L). Cuire au four à 350°F (180°C) pendant 10 minutes ou jusqu'à ce que le gâteau soit légèrement doré sur les bords.

■ **Garniture:** Dans un bol, battre les blancs d'oeufs avec le sel jusqu'à ce qu'ils forment des pics mous. Incorporer graduellement le sucre jusqu'à ce que les blancs forment des pics fermes. Incorporer le zeste et le jus en battant. Étendre sur le gâteau refroidi. Cuire au four à 350°F (180°C) pendant 20 à 25 minutes, jusqu'à ce que la meringue soit dorée. Laisser refroidir dans le moule. Donne 40 carrés.

Carrés au chocolat et aux noix

Ces carrés minces et croquants se préparent facilement et rapidement.

1 t	noix de Grenoble hachées	250 ml
1/2 t	cacao non sucré	125 ml
1/2 t	farine tout usage	125 ml
1/4 c. à thé	sel	1 ml
3/4 t	beurre, ramolli	175 ml
1 t	cassonade tassée	250 ml
1 1/2 c. à thé	vanille	7 ml
2	oeufs	2

■ Mélanger la moitié des noix, le cacao, la farine et le sel. Réserver. Dans un grand bol, battre le beurre en crème avec la cassonade et la vanille jusqu'à ce que le mélange soit léger. Incorporer les oeufs un à un en battant bien après chaque addition. Incorporer la préparation aux noix sans trop mélanger.

■ Étendre la préparation uniformément dans une plaque à gâteau roulé, bien graissée, de 15 × 10 po (40 × 25 cm). Parsemer du reste de noix. Cuire au four à 375°F (190°C) pendant 15 minutes ou jusqu'à ce qu'un cure-dent inséré au centre en ressorte propre. Laisser refroidir dans la plaque pendant 10 minutes. Donne 50 carrés.

Barres à la compote de pommes

Tous les membres de votre famille raffoleront de ces barres riches en texture et en saveur.

1 t	beurre, ramolli	250 ml
1 t	cassonade tassée	250 ml
1/2 t	mélasse	125 ml
2	oeufs	2
1/2 t	compote de pommes non sucrée	125 ml
1/2 t	crème sure légère	125 ml
1 1/2 t	farine tout usage	375 ml
1 1/2 t	farine de blé entier	375 ml
1 t	pacanes hachées	250 ml
2 c. à thé	levure chimique (poudre à pâte)	10 ml
1/2 c. à thé	bicarbonate de sodium	2 ml
1/2 c. à thé	sel	2 ml
1/2 c. à thé	cannelle	2 ml

GLACE LIQUIDE		
3/4 t	sucre glace	175 ml
2 c. à tab	jus d'orange	30 ml

■ Dans un bol, battre le beurre en crème avec la cassonade et la mélasse jusqu'à ce que le mélange soit léger. Incorporer les oeufs, un à la fois, en battant. Incorporer la compote de pommes et la crème sure. Mélanger les farines, les pacanes, la levure chimique, le bicarbonate de sodium, le sel et la cannelle. Incorporer au mélange crémeux.

■ Étendre la préparation dans une plaque à gâteau roulé, graissée, de 15 × 10 po (40 × 25 cm). Cuire au four préchauffé à 350°F (180°C) pendant 25 à 30 minutes ou jusqu'à ce qu'un cure-dent inséré au centre du gâteau en ressorte propre. Laisser refroidir sur une grille et couper en rectangles.

■ **Glace liquide:** Fouetter ensemble le sucre et le jus d'orange et en arroser le gâteau refroidi. Donne 48 barres.

Remerciements

Les personnes suivantes ont créé les recettes de la COLLECTION CULINAIRE COUP DE POUCE:
Elizabeth Baird, Karen Brown, Joanna Burkhard, James Chatto, Diane Clement, David Cohlmeyer, Pam Collacott, Bonnie Baker Cowan, Pierre Dubrulle, Eileen Dwillies, Nancy Enright, Carol Ferguson, Margaret Fraser, Susan Furlan, Anita Goldberg, Barb Holland, Patricia Jamieson, Arlene Lappin, Anne Lindsay, Lispeth Lodge, Mary McGrath, Susan Mendelson, Bernard Meyer, Beth Moffatt, Rose Murray, Iris Raven, Gerry Shikatani, Jill Snider, Kay Spicer, Linda Stephen, Bonnie Stern, Lucy Waverman, Carol White, Ted Whittaker et **Cynny Willet**.

Photographes: **Fred Bird, Doug Bradshaw, Christopher Campbell, Nino D'Angelo, Frank Grant, Michael Kohn, Suzanne McCormick, Claude Noel, John Stephens** et **Mike Visser**.

Rédaction et production: Hugh Brewster, Susan Barrable, Catherine Fraccaro, Wanda Nowakowska, Sandra L. Hall, Beverley Renahan et Bernice Eisenstein.

Texte français: Marie-Hélène Leblanc.

Index

PROCUREZ-VOUS CES LIVRES À SUCCÈS DE LA COLLECTION
COUP DE POUCE
Le magazine pratique de la femme moderne

CUISINE SANTÉ

Plus de 150 recettes nutritives et délicieuses qui vous permettront de préparer des repas sains et équilibrés, qui plairont à toute votre famille. Des entrées appétissantes, des petits déjeuners et casse-croûte tonifiants, des salades rafraîchissantes, des plats sans viande nourrissants et des desserts légers et délectables. Ce livre illustré en couleurs contient également des tableaux sur la valeur nutritive de chaque recette, des informations relatives à la santé et à l'alimentation, et des conseils pratiques sur l'achat et la cuisson des aliments....*24,95 $ couverture rigide*

CUISINE MICRO-ONDES

Enfin un livre qui montre comment tirer parti au maximum du micro-ondes. Ce guide complet p[...] plus de 175 recettes simples et faciles, 10 menus rapides pour des occasions spéciales, l'ABC du micro-ondes, des tableaux et des conseils pratiques. Vous y trouverez tout, des hors-d'oeuvre raffinés aux plats de résistance et aux desserts alléchants. Un livre indispensable si l'on possède un micro-ondes....*29,95 $ couverture rigide*

CUISINE D'ÉTÉ ET RECETTES BARBECUE

Profitez au maximum de la belle saison grâce à ce livre abondamment illustré de merveilleuses photos en couleurs regroupant plus de 175 recettes et 10 menus. Outre des grillades de toutes sortes, vous y trouverez des soupes froides, des salades rafraîchissantes, de savoureux plats d'accompagnement et de superbes desserts. Des informations précises et à jour sur l'équipement et les techniques de cuisson sur le gril font de ce livre un outil complet et essentiel pour la cuisine en plein air....*24,95 $ couverture rigide*

Ces trois livres de la collection *Coup de pouce* sont distribués par Diffulivre et vendus dans les librairies et les grands magasins à rayons. Vous pouvez vous les procurer directement de *Coup de pouce* en envoyant un chèque ou un mandat postal (au nom de *Coup de pouce*) au montant indiqué ci-dessus, plus 3 $ pour les frais d'envoi et de manutention et 7 % de TPS sur le montant total, à: *Coup de pouce*, C.P. 6416, Succursale A, Montréal (Québec), H3C 3L4.